W0198991

deutsch.kompetent 10

Arbeitsheft

Erarbeitet von:
Melanie Dutzi
Susanne Jugl-Sperhake
Janina Kiehl
Rosemarie Lange
Konrad Notzon
Elisabeth Schuchart
Barbara Schugk
Sabine Utheß

Ernst Klett Verlag
Stuttgart · Leipzig

1. Auflage 1 5 4 3 2 1 | 20 19 18 17 16

Alle Drucke dieser Auflage sind unverändert und können im Unterricht nebeneinander verwendet werden. Die letzte Zahl bezeichnet das Jahr des Druckes.

Autoren: Melanie Dutzi, Achern; Susanne Jugl-Sperhake, Lippersdorf; Janina Kiehl, Hannover; Rosemarie Lange, Ruttersdorf; Claudia Lübeck, Isny; Konrad Notzon, Bramsche; Elisabeth Schuchart, Leipzig; Barbara Schugk, Jessen; Sabine Utheß, Blankenfelde

Redaktion: Ulrike Wünschirs, Leipzig
Redaktionsassistenz: Heike Etzold
Herstellung: Sylvia Kusch

Umschlag und Layoutkonzeption: Petra Michel, Gestaltung und Typografie, Essen
Illustrationen: dodotes illustrations, Maja Bohn, Berlin
Satz: Endless Creative, Holm Klix, Leipzig, tiff.any, Berlin
Druck: Gebr. Geiselberger GmbH, Altötting

Printed in Germany
ISBN 978-3-12-316058-5

9 783123 160585

Inhalt

Einen literarischen Text schriftlich interpretieren

Einen epischen Text schriftlich interpretieren

Kurzprosa analysieren und interpretieren

Schülerbuch S. 107 ■ Kurzprosa interpretieren

Lies den Text zunächst gründlich, sammle dann **erste Eindrücke** und formuliere **Fragen** zum Textverständnis. Fasse anschließend wichtige Schritte der **äußeren** und **inneren Handlung** zusammen und stelle deine **Deutungshypothese** (Thema / Problem) auf. **Analysiere** daraufhin den Text **detailliert** (z. B. chronologisch oder aspektorientiert nach Schwerpunkten, die auch durch die Aufgabenstellung vorgegeben sein können). Analyseaspekte können die Handlung / der Aufbau, das epische Genre, die Figuren und ihre Konstellation, die Erzählweise, Sprache und Stil oder textexterne Aspekte sein. Du musst alle **Analyseergebnisse** am Text **belegen** und solltest nur die verwenden, die für den **Nachweis** deiner **Deutungshypothese** wichtig sind.

Wolfgang Borchert: Nachts schlafen die Ratten doch (1949)

Das hohle Fenster in der vereinsamten Mauer gähnte blaurot voll früher Abendsonne. Staubgewölke flimmerte zwischen den steilgereckten Schornsteinresten. Die Schuttwüste döste.

Er hatte die Augen zu. Mit einmal wurde es noch dunkler. Er merkte, dass jemand gekommen war und nun vor ihm stand, dunkel, leise. Jetzt haben sie mich! dachte er. Aber als er ein bisschen blinzelte, sah er nur zwei etwas ärmlich behoste Beine. Die standen ziemlich krumm vor ihm, dass er zwischen ihnen hindurchsehen konnte. Er riskierte ein kleines Geblinzel an den Hosenbeinen hoch und erkannte einen älteren Mann. Der hatte ein Messer und einen Korb in der Hand. Und etwas Erde an den Fingerspitzen.

Du schläfst hier wohl was? fragte der Mann und sah von oben auf das Haargestrüpp herunter. Jürgen blinzelte zwischen den Beinen des Mannes hindurch in die Sonne und sagte: Nein, ich schlafe nicht. Ich muss hier aufpassen. Der Mann nickte: So, dafür hast du wohl den großen Stock da? Ja, antwortete Jürgen mutig und hielt den Stock fest. Worauf passt du denn auf?

Das kann ich nicht sagen. Er hielt die Hände fest um den Stock.

Wohl auf Geld, was? Der Mann setzte den Korb ab und wischte das Messer an seinem Hosenboden hin und her.

Nein, auf Geld überhaupt nicht, sagte Jürgen verächtlich. Auf ganz etwas anderes.

Na, was denn?

Ich kann es nicht sagen. Was anderes eben.

Na, denn nicht. Dann sage ich dir natürlich auch nicht, was ich hier im Korb habe. Der Mann stieß mit dem Fuß an den Korb und klappte das Messer zu.

Pah, kann ich mir denken, was in dem Korb ist, meinte Jürgen geringschätzig, Kaninchenfutter.

Donnerwetter, ja! sagte der Mann verwundert, bist ja ein fixer Kerl. Wie alt bist du denn?

Neun.

Oha, denk mal an, neun also. Dann weißt du ja auch, wie viel drei mal neun sind, wie?

Klar, sagte Jürgen und um Zeit zu gewinnen, sagte er noch: Das ist ja ganz leicht. Und er sah durch die Beine des Mannes hindurch. Dreimal neun, nicht? fragte er noch mal, siebenundzwanzig, Das wusste ich gleich.

Stimmt, sagte der Mann, genau soviel Kaninchen habe ich.

Jürgen machte einen runden Mund: Siebenundzwanzig?

Du kannst sie sehen. Viele sind noch ganz jung. Willst du?

Ich kann doch nicht. Ich muss doch aufpassen, sagte Jürgen unsicher.

Immerzu? fragte der Mann, nachts auch?

Nachts auch. Immerzu. Immer. Jürgen sah an den krummen Beinen hoch. Seit Sonnabend schon, flüsterte er.

Aber gehst du denn gar nicht nach Hause? Du musst doch essen.

Jürgen hob einen Stein hoch. Da lag ein halbes Brot. Und eine Blechschachtel.

Du rauchst? fragte der Mann, hast du denn eine Pfeife?

Jürgen fasste seinen Stock fest an und sagte zaghaft: ich drehe. Pfeife mag ich nicht.

Schade, der Mann bückte sich zu seinem Korb, die Kaninchen hättest du ruhig mal ansehen können. Vor allem die jungen. Vielleicht hättest du dir eines ausgesucht. Aber du kannst hier ja nicht weg.

Nein, sagte Jürgen traurig, nein nein.

Der Mann nahm den Korb und richtete sich auf. Na ja, wenn du hierbleiben musst – schade. Und er drehte sich um. Wenn du mich nicht verrätst, sagte Jürgen da schnell, es ist wegen den Ratten.

Die krummen Beine kamen einen Schritt zurück: Wegen den Ratten?

Ja, die essen doch von Toten. Von Menschen. Da leben sie doch von.

Wer sagt das?

Unser Lehrer.

Und du passt nun auf die Ratten auf? fragte der Mann.

Auf die doch nicht! Und dann sagte er ganz leise: Mein Bruder, der liegt nämlich da unten. Da. Jürgen zeigte mit dem Stock auf die zusammengesackten Mauern. Unser Haus kriegte eine Bombe. Mit einmal war das Licht weg im Keller. Und er auch. Wir haben noch gerufen. Er war viel kleiner als ich. Erst vier. Er muss hier ja noch sein. Er ist doch viel kleiner als ich. Der Mann sah von oben auf das Haargestrüpp. Aber dann sagte er plötzlich: Ja, hat euer Lehrer euch denn nicht gesagt, dass die Ratten nachts schlafen?

Nein, flüsterte Jürgen und sah mit einmal ganz müde aus, das hat er nicht gesagt.

Na, sagte der Mann, das ist aber ein Lehrer, wenn er das nicht mal weiß. Nachts schlafen die Ratten doch. Nachts kannst du ruhig nach Hause gehen. Nachts schlafen sie immer. Wenn es dunkel wird, schon.

Jürgen machte mit seinem Stock kleine Kuhlen in den Schutt. Lauter kleine Betten sind das, dachte er, alles kleine Betten. Da sagte der Mann (und seine krummen Beine waren ganz unruhig dabei): Weißt du was? Jetzt füttere ich schnell meine Kaninchen und wenn es dunkel wird, hole ich dich ab. Vielleicht kann ich eins mitbringen. Ein kleines oder, was meinst du?

Jürgen machte kleine Kuhlen in den Schutt. Lauter kleine Kaninchen. Weiße, graue, weißgraue. Ich weiß nicht, sagte er leise und sah auf die krummen Beine, wenn sie wirklich nachts schlafen.

Der Mann stieg über die Mauerreste weg auf die Straße. Natürlich, sagte er von da, euer Lehrer soll einpacken, wenn er das nicht mal weiß. Da stand

Jürgen auf und fragte: Wenn ich eins kriegen kann? Ein weißes vielleicht? Ich will mal versuchen, rief der Mann schon im Weggehen, aber du musst hier solange warten. Ich gehe dann mit dir nach Hause, weißt du? Ich muss deinem Vater doch sagen, wie so ein Kaninchenstall gebaut wird. Denn das müsst ihr ja wissen.

Ja, rief Jürgen, ich warte. Ich muss ja noch aufpassen, bis es dunkel wird. Ich warte bestimmt. Und er rief: Wir haben auch noch Bretter zu Hause. Kistenbretter, rief er.

Aber das hörte der Mann schon nicht mehr. Er lief mit seinen krummen Beinen auf die Sonne zu. Die war schon rot vom Abend und Jürgen konnte sehen, wie sie durch die Beine hindurchschien, so krumm waren sie. Und der Korb schwenkte aufgeregt hin und her. Kaninchenfutter war da drin. Grünes Kaninchenfutter, das war etwas grau vom Schutt.

1. Lies den Text mehrmals, gliedere ihn in Sinnabschnitte und bilde für jeden Abschnitt eine Überschrift, die du am Rand notierst.

2. Beantworte in Stichpunkten die folgenden Fragen zum Inhalt.

- Woran ist zu erkennen, dass Borcherts Erzählung in der Nachkriegszeit spielt?
- Wer ist im vierten Satz der Erzählung mit „er" gemeint (vgl. „Er hatte die Augen zu.", Z. 4)?
- Was meint Jürgen mit: „Jetzt haben sie mich!" (Z. 5 f.)?
- Warum schläft Jürgen sogar nachts nicht?
- Wie gelingt es dem alten Mann, Jürgens Vertrauen zu gewinnen?

3. Fasse den Inhalt der Kurzgeschichte mit eigenen Worten zusammen. Arbeite im Heft.

4. Ermittle das Thema der Kurzgeschichte und formuliere eine erste Deutungshypothese.

Thema: ______

Deutungshypothese: ______

5. Formuliere einen Einleitungssatz für eine schriftliche Interpretation der Kurzgeschichte.

In der Kurzgeschichte „Nachts schlafen die Ratten doch" ____________________

____

6. Die Kurzgeschichte lässt sich in drei Abschnitte unterteilen, wobei es sich beim mittleren Abschnitt um den Dialog zwischen Jürgen und dem Mann handelt. Gliedere den Text entsprechend.

1. Abschnitt (Z. ______ bis Z. ______)	*2. Abschnitt (Z. ______ bis Z. ______)*	*3. Abschnitt (Z. ______ bis Z. ______)*

7. Untersuche den Dialog zwischen Jürgen und dem Mann genauer und beantworte in Stichpunkten die folgenden Fragen.
- Wie entwickelt sich das Gespräch zwischen Jürgen und dem Mann?

____

____

____

- Was bezweckt der alte Mann mit seiner Notlüge (vgl. Z. 64 f.)? Gelingt ihm dies?

____

____

- Inwiefern ändert sich Jürgens Verhalten am Ende des Dialogs?

____

____

8. Notiere in Stichpunkten, was man über die Figuren erfährt, und belege es mithilfe von Zeilenangaben.

Jürgen: ____________________

____

der Mann: ____________________

____

Jürgens Bruder: ____________________

____

9. Erstelle eine Skizze zur Figurenkonstellation und beschrifte sie.

Jürgen

Jürgens Bruder

der alte Mann

10. Schreibe mindestens eine Textstelle heraus, die zeigt, dass es sich beim Erzähler um einen personalen Er-Erzähler handelt.

____

____

____

____

11. Wer ist dieser Erzähler und was bewirkt die personale Erzählperspektive? Notiere Stichpunkte.

____

____

____

12. Am Ende der Geschichte (Z. 90 f.) werden verschiedene Farben genannt. Markiere sie und überlege, welche Bedeutung die Farben für die Deutung des Textes haben könnten.

13. Welche Nomen, Verben und Adjektive verwendet Borchert in den ersten drei Sätzen der Geschichte (Z. 1–3), welche in den letzten vier (Z. 90–93)? Sammle sie in der folgenden Tabelle und beschreibe jeweils in der letzten Spalte die dadurch erzeugte Stimmung.

	Nomen	Verben	Adjektive	Stimmung / Atmosphäre
Zeile 1–3				
Zeile 90–93				

14. Kreuze an, welche Art von Bildlichkeit Borchert wiederholt im ersten Abschnitt verwendet.

Metapher ☐ **Personifikation** ☐ **Symbol** ☐ **Vergleich** ☐

15. Umschreibe mit eigenen Worten, wie die folgenden Sätze zu verstehen sind.

„Das hohle Fenster in der vereinsamten Mauer gähnte blaurot voll früher Abendsonne.“ (Z. 1 f.)

„Staubgewölke flimmerte zwischen den steilgereckten Schornsteinresten.“ (Z. 2 f.)

„Die Schuttwüste döste.“ (Z. 3)

16. Stellst du Zusammenhänge zwischen sprachlichen Auffälligkeiten und dem Inhalt der Kurzgeschichte fest? Gib mindestens zwei Beispiele an und belege sie am Text. Arbeite im Heft.

17. Erläutere, warum es sich bei dem Text von Wolfgang Borchert um eine klassische Kurzgeschichte handelt. Arbeite im Heft.

18. Verfasse eine vollständige Interpretation der Kurzgeschichte. Nutze deine Vorarbeiten. Arbeite im Heft.

Parabeln analysieren und interpretieren

Schülerbuch S. 111 ▪ **Parabeln interpretieren**

Eine Parabel ist eine Erzählung mit oft **belehrendem Charakter**. Sie regt zum Nachdenken an, da anhand eines Beispiels ein allgemeiner Sachverhalt erschlossen werden soll. Eine **konkrete Ebene** (**Bildteil**) verweist auf eine **abstrakte Ebene** (**Sachteil**). Die **Verknüpfung** zwischen Bild- und Sachteil muss der Leser selbst herstellen.
Aus der Übertragung des Bildteils auf den Sachteil ergibt sich die **Bedeutung**. Elemente des Bildteils können jedoch insbesondere in modernen Parabeln auf **verschiedene Bereiche der Wirklichkeit** bezogen werden, somit sind Parabeln **nicht immer eindeutig**.

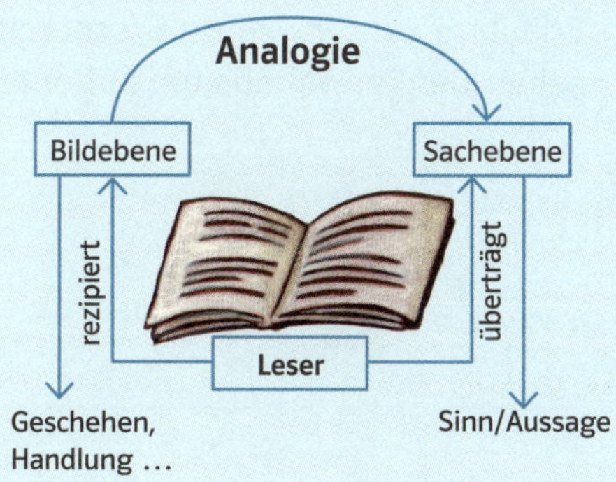

nach Bertolt Brecht: Das Wiedersehen (1932)

Ein Mann, der Herrn K. lange nicht gesehen hatte, begrüßte ihn mit den Worten: „Sie haben sich gar nicht verändert.“ „Oh!“, sagte Herr K. und […].

1. Überlege, wie die kurze Erzählung von Bertolt Brecht enden könnte, und vervollständige den letzten Satz.

2. Entscheide dich für eine der folgenden Schlussvarianten zu Brechts „Das Wiedersehen" und begründe.

A ... lächelte.

B ... erbleichte.

C ... fragte: „Kennen wir uns denn?"

D ... fuhr fort: „Sie aber hätte ich kaum wiedererkannt."

E ... fuhr fort: „Sie erscheinen mir um Jahre gealtert."

Ich entscheide mich für Variante ___ , weil ____________________

____

____

____

3. Prüfe, wie die Erzählung „Das Wiedersehen" im Original endet und ob es sich um eine Parabel handelt. Bestimme Bild- und Sachteil.

Bildteil: ____________________

Sachteil: ____________________

4. Formuliere eine Deutungshypothese zu Brechts „Das Wiedersehen".

____

____

5. Erläutere kurz, inwiefern Brecht mit seinem Text „Das Wiedersehen" den Leser zur Überprüfung seiner Denkgewohnheiten auffordert.

____

____

____

____

6. Interpretiere den Text „Das Wiedersehen" von Bertolt Brecht schriftlich. Nutze deine Vorarbeiten. Arbeite im Heft.

Bertolt Brecht: Erfolg (1948)

Herr K. sah eine Schauspielerin vorbeigehen und sagte: „Sie ist schön." Sein Begleiter sagte: „Sie hat neulich Erfolg gehabt, weil sie schön ist." Herr K. ärgerte sich und sagte: „Sie ist schön, weil sie Erfolg gehabt hat."

7. Lies die Parabel „Erfolg“ von Bertolt Brecht mehrmals und halte in Stichpunkten fest, was dir auffällt.

8. Was verbindest du mit den Begriffen „Schauspielerin“, „Erfolg“ und „schön“? Sammle deine Assoziationen in Clustern.

9. Erkläre, was wohl Herr K.s Begleiter unter „schön“ versteht und was vermutlich Herr K. damit meint.

10. Ermittle das Thema der Parabel „Erfolg“ und formuliere eine erste Deutungshypothese.

Thema:

Deutungshypothese:

11. Notiere Stichpunkte, warum sich Herr K. über die Aussage seines Begleiters ärgert.

12. Bestimme Bild- und Sachteil der Parabel und erschließe die Bedeutung.

Bildteil:

Sachteil:

Bedeutung:

13. Analysiere die Sprache der Parabel, indem du Auffälligkeiten hinsichtlich der Wortwahl und des Satzbaus notierst.

Wortwahl:

Satzbau:

14. Interpretiere die Parabel „Erfolg“ (S. 10) unter Berücksichtigung deiner bisherigen Arbeitsergebnisse und beziehe dabei auch den Titel mit ein. Arbeite im Heft.

Christa Reinig: Scorpius Skorpion (1958)

Er war sanftmütig und freundlich. Seine Augen standen dicht beieinander. Das bedeutete Hinterlist. Seine Brauen stießen über der Nase zusammen. Das bedeutete Jähzorn. Seine Nase war lang und spitz. Das bedeutete unstillbare Neugier. Seine Ohrläppchen waren angewachsen. Das bedeutete Hang zum Verbrechertum. Warum gehst du nicht unter die Leute?, fragte man ihn. Er besah sich im Spiegel und bemerkte einen grausamen Zug um seinen Mund. Ich bin kein guter Mensch, sagte er. Er verbohrte sich in seine Bücher. Als er sie alle ausgelesen hatte, musste er unter die Leute, sich ein neues Buch kaufen gehn. Hoffentlich gibt es kein Unheil, dachte er und ging unter die Leute. Eine Frau sprach ihn an und bat ihn, ihr einen Geldschein zu wechseln. Da sie sehr kurzsichtig war, musste sie mehrmals hin- und zurücktauschen. Der Skorpion dachte an seine Augen, die dicht beieinanderstanden und verzichtete darauf, sein Geld hinterlistig zu verdoppeln. In der Straßenbahn trat ihm ein Fremder auf die Füße und beschimpfte ihn in einer fremden Sprache. Der Skorpion dachte an seine zusammengewachsenen Augenbrauen und ließ das Geschimpfe, das er ja nicht verstand, als Bitte um Entschuldigung gelten. Er stieg aus, und vor ihm lag eine Brieftasche auf der Straße. Der Skorpion dachte an seine Nase und bückte sich nicht und drehte sich auch nicht um. In der Buchhandlung fand er ein Buch, das hätte er gern gehabt. Aber es war zu teuer. Es hätte gut in seine Manteltasche gepasst. Der Skorpion dachte an seine Ohrläppchen und stellte das Buch ins Regal zurück. Er nahm ein anderes. Als er es bezahlen wollte, klagte ein Bücherfreund: Das ist das Buch, das ich seit Jahren suche. Jetzt kauft‘s mir ein anderer weg. Der Skorpion dachte an den grausamen Zug um seinen Mund und sagte: Nehmen Sie das Buch. Ich trete zurück. Der Bücherfreund weinte fast. Er presste das Buch mit beiden Händen an sein Herz und ging davon. Das war ein guter Kunde, sagte der Buchhändler, aber für Sie ist auch noch was da. Er zog aus dem Regal das Buch, das der Skorpion so gern gehabt hätte. Der Skorpion winkte ab: Das kann ich mir nicht leisten. – Doch, Sie können, sagte der Buchhändler, eine Liebe ist der anderen wert. Machen Sie den Preis. Der Skorpion weinte fast. Er presste das Buch mit beiden Händen fest an sein Herz, und, da er nichts mehr frei hatte, reichte er dem Buchhändler zum Abschied seinen Stachel. Der Buchhändler drückte den Stachel und fiel tot um.

„In der **Buchhandlung** fand er ein **Buch**, das hätte er **gern** gehabt.“

15. Lies die Parabel „Scorpius Skorpion“ und schreibe auf, welche Erwartungen der Titel bei dir weckt.

16. Fasse den Inhalt der Parabel „Scorpius Skorpion“ (S. 12) schriftlich zusammen. Arbeite im Heft.

17. Beschreibe die Hauptfigur der Parabel „Scorpius Skorpion“ (S. 12). Beachte dabei, die Unterscheidung zwischen Selbst- und Fremdbild.

18. Erläutere das Verhältnis der Hauptfigur der Parabel „Scorpius Skorpion“ (S. 12) zu ihrer Umwelt und ihren Mitmenschen.

19. Fertige eine Zeichnung der Hauptfigur der Parabel „Scorpius Skorpion“ (S. 12) an. Nimm den Text als Grundlage.

20. Beurteile die folgenden Schüleraussagen und entscheide, welche Deutungshypothese am treffendsten ist. Begründe kurz.

In der Parabel von Christa Reinig geht es um die Bestätigung von Vorurteilen.

Die Parabel „Scorpius Skorpion" von Christa Reinig handelt von Identität im Wechselspiel von Selbst- und Fremdbild.

In Christa Reinigs Parabel „Scorpius Skorpion" zeigt die Natur ihr wahres Gesicht und macht dadurch deutlich, dass es nichts bringt, sich zu verstellen.

21. „Er presste das Buch mit beiden Händen fest an sein Herz, ..." (Z. 33 f.). – Erkläre die Bedeutung dieser Wiederholung aus Zeile 23 f. Beziehe auch das Ende der Parabel mit ein.

22. In sechs verschiedenen Situationen überprüft die Hauptfigur der Parabel „Scorpius Skorpion" (S. 12) ihr Selbstbild. Notiere für jede Situation eine Überschrift und ordne die folgenden Fragen zu. Orientiere dich an dem Beispiel.

Bin ich hinterlistig? | Bin ich jähzornig? | Bin ich neugierig? | Bin ich kriminell? | Bin ich grausam? | Bin ich ein guter Mensch?

Begegnung mit der kurzsichtigen Frau (Z. 8 ff.) – Bin ich hinterlistig?

23. Beantworte die Fragen aus Aufgabe 23 auf Grundlage des Textes. Arbeite im Heft.

24. Begründe, warum es sich bei dem Text „Scorpius Skorpion" (S. 12) von Christa Reinig um eine Parabel handelt. Arbeite im Heft.

Das kannst du jetzt! – Klassenarbeitstraining ☆

Interpretiere den folgenden Text. Charakterisiere die Handlungsträger und beziehe in deine Interpretation insbesondere Merkmale der literarischen Form ein.

Günter Kunert: Zirkuswesen (1975)

Kaum hatte die Vorstellung begonnen, ertönte ein einstimmiger Entsetzensschrei des Publikums: Der Dompteur war über seinen schönsten Königstiger hergefallen und hatte sich in dessen Nacken verbissen. Als sich die Besucher hastig aus dem Zelt drängten, gab das Tier schon kein Lebenszeichen mehr von sich. Die anderen Gefleckten, Gestreiften und Geringelten pressten sich mit eingezogenen Schwänzen ans Gitter und heulten auf, als sich der Dompteur erhob, um sich auf die Tür des Käfigs zu stürzen, in dem er seine Attraktion vorführte. Die metallenen Stäbe flogen auseinander, und er stürmte ins Freie. Unaufhaltsam stampfte er in seinen hohen, schwarzen Stiefeln sporenklirrend auf die Straße und durch sie. „Der Dompteur ist los! Der Dompteur ist los!“, ächzte es von Haus zu Haus; er selber aber schrie und dröhnte und donnerte durch die Gassen, knallte mit der Peitsche und schnalzte mit den Fingern, dass niemand davon verschont ward. Seinen Weg säumten auf Händen stehende Straßenbahnschaffnerinnen, auf Wäscheleinen balancierende Hauswarte, oder in strammer Haltung gelähmte Feuerwehrleute, die erst seinetwegen und dann vor ihm ausgerückt waren. Bei jedem Peitschenknall sprangen Großväter in ihren Stuben keuchend auf den Tisch oder auf den Ofen, wo sie mit angewinkelten Armen hocken blieben. Der Dompteur ist los! Der Dompteur ist los! Angst und Schrecken und erstaunliche, eilfertig ausgeführte Dressurleistungen griffen immer weiter um sich. Auf ihren Stühlen in ihren Wohnungen kauerten die Bewohner der Stadt, auf den Peitschenknall lauernd, der ihnen erlaubte, zu Boden zu springen und knurrend und murrend in die Küche oder ins Bett zu schleichen. Endlich, drei Abende später, gelang es, den Dompteur einzufangen und zum Bürgermeister zu machen; seitdem herrscht in der Stadt wieder Ruhe und Ordnung. Und ein ganz unglaublicher Aufschwung des Zirkuswesens lässt sich nicht länger leugnen.

1. Analysiere die Aufgabenstellung und notiere die vorgegebenen Schwerpunkte. Arbeite im Heft.

2. Halte deine ersten Leseeindrücke fest und formuliere Fragen zum Textverständnis (z. B. *Welche Bedeutung könnte der Titel der Erzählung haben?*). Arbeite im Heft.

3. Formuliere das Thema und eine Deutungshypothese. Arbeite im Heft.

4. Charakterisiere den Dompteur und die Stadtbewohner. Arbeite im Heft.

5. Bestimme die Textsorte und weise deren Merkmale am Text nach. Arbeite im Heft.

6. Erstelle einen Schreibplan und verfasse deine Interpretation. Achte darauf, dass du entsprechende Textbelege sinnvoll integrierst. Arbeite im Heft.

7. Überarbeite deine Interpretation inhaltlich und sprachlich.

EXTRA: Üben – Sprachtraining

Richtig zitieren und paraphrasieren

1. **Ergänze in den folgenden Sätzen die Anführungszeichen zur Verdeutlichung zitierter Textstellen aus Wolfgang Borcherts „Nachts schlafen die Ratten doch" (S. 4).**

a) Zu Beginn wird das Trostlose, Monotone der Trümmerlandschaft betont, so etwa durch die Beschreibungen Das hohle Fenster in der vereinsamten Mauer gähnte (Z. 1) oder Die Schuttwüste döste. (Z. 3).

b) Der blitzartige Gedanke Jetzt haben sie mich! (Z. 5 f.) weist auf bisher Erlebtes des Jungen hin.

c) Im Schlussteil ändert sich die Stimmung durch die Personifikation der Korb schwenkte aufgeregt hin und her (Z. 91 f.) und durch die Verwendung von Farben, nämlich dem Rot der Abendsonne (vgl. Z. 90) und dem Grün des Kaninchenfutters (vgl. Z. 92 f.).

2. **Prüfe, ob im Text rechts korrekt aus dem Originaltext links zitiert und der Kurzbeleg richtig eingefügt wurde. Korrigiere anschließend den rechten Text. Arbeite im Heft.**

Gleich zu Beginn beschreibt der Erzähler den Ort der Handlung von außen. In dieser genau erfassbaren Ortsbeschreibung finden Personifikationen und auch einige Farbkontraste Verwendung, die Kenntnisse des Autors vom Farbexpressionismus offenlegen. Dadurch erscheint die geschilderte Szene dem Leser als irreal.
(U. Müller: Interpretation zu W. Borcherts. *Nachts schlafen die Ratten doch.* Interpretation (2009), S. 1)

Nach U. Müller wird gleich zu Beginn der Ort der Handlung von außen beschrieben. In dieser genau erfassbaren Ortsbeschreibung finden einige Farbkontraste Verwendung, die Kenntnisse des Autors vom Farbexpressionismus verdeutlichen und den Leser in eine irreal erscheinende Szene führen.
(Vgl. Müller, W. Borchert, S. 1)

3. **Paraphrasiere den folgenden Ausschnitt aus der Kurzgeschichte „Nachts schlafen die Ratten doch" (S. 4). Gib dabei den Inhalt mit eigenen Worten wieder. Arbeite im Heft.**

[…] Du schläfst hier wohl was? fragte der Mann und sah von oben auf das Haargestrüpp herunter. Jürgen blinzelte zwischen den Beinen des Mannes hindurch in die Sonne und sagte: Nein, ich schlafe nicht. Ich muss hier aufpassen. Der Mann nickte: So, dafür hast du wohl den großen Stock da? Ja, antwortete Jürgen mutig und hielt den Stock fest. Worauf passt du denn auf? Das kann ich nicht sagen. Er hielt die Hände fest um den Stock.

Wohl auf Geld, was? Der Mann setzte den Korb ab und wischte das Messer an seinem Hosenboden hin und her.

Nein, auf Geld überhaupt nicht, sagte Jürgen verächtlich. Auf ganz etwas anderes.

Na, was denn?

Ich kann es nicht sagen. Was anderes eben.

Na, denn nicht. Dann sage ich dir natürlich auch nicht, was ich hier im Korb habe. Der Mann stieß mit dem Fuß an den Korb und klappte das Messer zu.

Pah, kann ich mir denken, was in dem Korb ist, meinte Jürgen geringschätzig, Kaninchenfutter.

Donnerwetter, ja! sagte der Mann verwundert, bist ja ein fixer Kerl. Wie alt bist du denn?

Neun.

Oha, denk mal an, neun also. Dann weißt du ja auch, wie viel drei mal neun sind, wie?

Klar, sagte Jürgen und um Zeit zu gewinnen, sagte er noch: Das ist ja ganz leicht. Und er sah durch die Beine des Mannes hindurch. Dreimal neun, nicht? fragte er noch mal, siebenundzwanzig, Das wusste ich gleich.

Stimmt, sagte der Mann, genau soviel Kaninchen habe ich.

Jürgen machte einen runden Mund: Siebenundzwanzig? [...]

4. **Gib die folgenden Textstellen aus der Kurzgeschichte „Nachts schlafen die Ratten doch" (S. 4) in der indirekten Rede wieder.**

a) „Und dann sagte er ganz leise: Mein Bruder, der liegt nämlich da unten. Da. Jürgen zeigte mit dem Stock auf die zusammengesackten Mauern. Unser Haus kriegte eine Bombe. Mit einmal war das Licht weg im Keller. Und er auch. Wir haben noch gerufen. Er war viel kleiner als ich. Erst vier. Er muss hier ja noch sein ..." (Z. 59 ff.)

b) „Ich will mal versuchen, rief der Mann schon im Weggehen, aber du musst hier solange warten. Ich gehe dann mit dir nach Hause, weißt du? Ich muss deinem Vater doch sagen, wie so ein Kaninchenstall gebaut wird. Denn das müsst ihr ja wissen." (Z. 82 ff.)

c) „Ja, rief Jürgen, ich warte. Ich muss ja noch aufpassen, bis es dunkel wird. Ich warte bestimmt. Und er rief: Wir haben auch noch Bretter zu Hause. Kistenbretter, rief er." (Z. 86 ff.)

5. **Korrigiere die folgenden Quellenangaben. Achte auch auf die richtige Reihenfolge. Arbeite im Heft.**

a) Winfried Freund/Wolfgang Borchert: „Draußen vor der Tür" – Literatur ohne Antwort. In: Dramen des 20. Jahrhunderts: Interpretationen; Bd. 2. Stuttgart: Reclam 1996, S. 27–44.

b) Wolfgang Borchert: Draußen vor der Tür und ausgewählte Erzählungen. Reinbek bei Hamburg, Rowohlt-Taschenbuch-Verlag 2004, S.44, 86. Auflage.

c) Jahresheft der Internationalen Wolfgang Borchert Gesellschaft 23 (2011), Hans-Gerd Winter: 2011 – Wolfgang Borcherts 90. Geburtstag. S. 3–5.

d) Anna Maria Giachino: Wolfgang Borchert: Nachts schlafen die Ratten doch. Am 12.11.2015: https://www.uni-due.de/literaturwissenschaft-aktiv/nullpunkt/pdf/borchert_ratten.pdf

Einen dramatischen Text schriftlich interpretieren

Dramenszenen analysieren und interpretieren – die Konfliktgestaltung untersuchen

Schülerbuch S. 149, 278 f. ■ Konflikt

Der **Konflikt** bildet das Zentrum der dramatischen Handlung und ist wesentlich für den **Aufbau des Dramas** (Spannungsaufbau). Er wird hauptsächlich zwischen den Figuren ausgetragen und spiegelt sich in deren **Dialogen** und **Monologen** wider. Der Konflikt erwächst aus **unterschiedlichen Auffassungen und Absichten (äußerer Konflikt)**, kann aber auch in einer Figur angelegt sein **(innerer Konflikt)**.
Hinweise auf den Konflikt oder die Konflikte kannst du bereits aus dem sozialen Stand und der gesellschaftlichen Position der Dialogpartner erschließen. Auch die Regieanweisungen deuten die **Konfliktentwicklung** an.
Am Ende des Dramas wird der **Konflikt aufgelöst**, entweder durch eine **Katastrophe** oder durch ein **glückliches Ende**.

Friedrich Schiller: Kabale und Liebe (Ausschnitt, 1784)

Der adlige Ferdinand von Walter und die Bürgerliche Luise Miller, Tochter des Stadtmusikanten, sind ein Liebespaar. Ihre Eltern lehnen die Beziehung jedoch ab. Der Vater Ferdinands, Präsident von Walter, möchte seinen Sohn standesgemäß verheiraten, um seinen Einfluss bei Hofe zu erhöhen.

Zweiter Akt, sechste Szene

Der Präsident mit einem Gefolge von Bedienten. Vorige
[Miller, Frau Millerin, Luise, Ferdinand; in einem Zimmer bei Millers]

Präsident *(im Hereintreten)*. Da ist er schon.
Alle (erschrocken).
Ferdinand *(weicht einige Schritte zurück)*. Im Hause der Unschuld.
Präsident. Wo der Sohn Gehorsam gegen den Vater lernt?
Ferdinand. Lassen Sie uns das – –
Präsident *(unterbricht ihn, zu Millern)*. Er ist der Vater?
Miller. Stadtmusikant Miller.
Präsident *(zur Frau)*. Sie die Mutter?
Frau. Ach ja, die Mutter!
Ferdinand *(zu Millern)*. Vater, bring Er die Tochter weg – sie droht eine Ohnmacht.
Präsident. Überflüssige Sorgfalt! Ich will sie anstreichen. *(Zu Luisen.)* Wie lang kennt Sie den Sohn des Präsidenten?
Luise. Diesem habe ich nie nachgefragt. Ferdinand von Walter besucht mich seit dem November.
Ferdinand. Betet sie an.
Präsident. Erhielt sie Versicherungen?
Ferdinand. Vor wenig Augenblicken die feierlichste im Angesicht Gottes.
Präsident *(zornig zu seinem Sohn)*. Zur Beichte d e i n e r Torheit wird man dir schon das Zeichen geben. *(Zu Luisen.)* Ich warte auf Antwort.
Luise. Er schwur mir Liebe.
Ferdinand. Und wird sie halten.
Präsident. Muss ich befehlen, dass du schweigst? – Nahm Sie den Schwur an?
Luise *(zärtlich)*. Ich erwiderte ihn.
Ferdinand *(mit fester Stimme)*. Der Bund ist geschlossen.
Präsident. Ich werde das Echo hinauswerfen lassen. *(Boshaft zu Luisen.)* Aber er bezahlte Sie doch jederzeit bar?
Luise *(aufmerksam)*. Diese Frage verstehe ich nicht ganz.
Präsident *(mit beißendem Lachen)*. Nicht? Nun! ich meine nur – Jedes Handwerk hat, wie man sagt, einen goldenen Boden – auch S i e, hoff' ich, wird Ihre Gunst nicht verschenkt haben – oder war's Ihr vielleicht mit dem bloßen V e r s c h l u s s gedient? Wie?
Ferdinand *(fährt wie rasend auf)*. Hölle! was war das?

Luise *(zum Major mit Würde und Unwillen).* Herr von Walter, jetzt sind Sie frei.

Ferdinand. Vater! E h r f u r c h t befiehlt die Tugend auch im Bettlerkleid.

Präsident *(lacht lauter).* Eine lustige Zumutung! Der Vater soll die H u r e des Sohns respektieren.

Luise *(stürzt nieder).* O Himmel und Erde!

Ferdinand *(mit Luisen zu gleicher Zeit, indem er den Degen nach dem Präsidenten zückt, den er aber schnell wieder sinken lässt).* Vater! Sie hatten einmal ein Leben an mich zu fordern – Es ist bezahlt. *(Den Degen einsteckend.)* Der Schuldbrief der kindlichen Pflicht liegt zerrissen da –

Miller *(der bis jetzt furchtsam auf der Seite gestanden, tritt hervor in Bewegung, wechselweis vor Wut mit den Zähnen knirschend und vor Angst damit klappernd).* Euer Exzellenz – Das Kind ist des Vaters Arbeit – Halten zu Gnaden – Wer das Kind eine Mähre[1] schilt, schlägt den Vater ans Ohr, und Ohrfeig um Ohrfeig – Das ist so Tax[2] bei uns – Halten zu Gnaden.

Frau. Hilf, Herr und Heiland! – Jetzt bricht auch der Alte los – über unserm Kopf wird das Wetter zusammenschlagen.

Präsident *(der es nur halb gehört hat).* Regt sich der Kuppler auch? – Wir sprechen uns gleich, Kuppler.

Miller. Halten zu Gnaden. Ich heiße Miller, wenn Sie ein Adagio[3] hören wollen – mit Buhlschaften dien' ich nicht. So lang der Hof da noch Vorrat hat, kommt die Lieferung nicht an uns Bürgersleut'. Halten zu Gnaden.

Frau. Um des Himmels Willen, Mann! Du bringst Weib und Kind um.

Ferdinand. Sie spielen hier eine Rolle, mein Vater, wobei Sie sich wenigstens die Zeugen hätten ersparen können.

Miller *(kommt ihm näher, herzhafter).* Deutsch und verständlich. Halten zu Gnaden. Euer Exzellenz schalten und walten im Land. D a s ist meine Stube. Mein devotestes Compliment[4], wenn ich dermaleins ein pro memoria[5] bringe, aber den ungehobelten Gast werf' ich zur Tür hinaus – Halten zu Gnaden.

Präsident *(vor Wut blass).* Was? – Was ist das? *(Tritt näher.)*

Miller *(zieht sich sachte zurück).* Das war nur so meine Meinung, Herr – Halten zu Gnaden.

Präsident *(in Flammen).* Ha, Spitzbube! Ins Zuchthaus spricht dich deine vermessene Meinung – Fort! Man soll Gerichtsdiener holen. *(Einige vom Gefolge gehen ab; der Präsident rennt voll Wut durch das Zimmer.)* Vater ins Zuchthaus – an den Pranger Mutter und Metze von Tochter! – Die Gerechtigkeit soll meiner Wut ihre Arme borgen. Für diesen Schimpf muss ich schreckliche Genugtuung haben – Ein solches Gesindel sollte meine Plane zerschlagen und ungestraft Vater und Sohn aneinander hetzen? – Ha, Verflucht! Ich will meinen Hass an eurem Untergang sättigen, die ganze Brut, Vater, Mutter und Tochter, will ich meiner brennenden Rache opfern.

Ferdinand *(tritt gelassen und standhaft unter sie hin).* O nicht doch! Seit außer Furcht! I c h bin zugegen. *(Zum Präsidenten mit Unterwürfigkeit.)* Keine Übereilung, mein Vater! Wenn Sie sich selbst lieben, keine Gewalttätigkeit! – Es gibt eine Gegend in meinem Herzen, worin das Wort V a t e r noch nie gehört worden ist – Dringen Sie nicht bis in d i e s e.

Präsident. Nichtswürdiger! Schweig! Reize meinen Grimm nicht noch mehr!

Miller *(kommt aus einer dumpfen Betäubung zu sich selbst).* Schau du nach deinem Kinde, Frau. Ich laufe zum Herzog – Der Leibschneider – das hat mir Gott eingeblasen! – der Leibschneider lernt die Flöte bei mir. Es kann mir nicht fehlen beim Herzog. *(Er will gehen.)*

Präsident. Beim Herzog, sagst du? – Hast du vergessen, dass ich die Schwelle bin, worüber du springen oder den Hals brechen musst? – Beim Herzog, du Dummkopf? – Versuch' es, wenn du, lebendig tot, eine Thurmhöhe tief, unter dem Boden im Kerker liegst, wo die Nacht mit der Hölle liebäugelt und Schall und Licht wieder umkehren. Rassle dann mit deinen Ketten und wimmre: Mir ist zu viel geschehen.

[1] hier für Dirne, Prostituierte
[2] festgesetzter Preis
[3] Musiksatz mit langsamem Tempo
[4] ergebenste Empfehlung
[5] Bittschrift

1. Lies die Szene II/6 und verfasse eine Inhaltsangabe. Arbeite im Heft.

2. Beurteile die folgenden Schüleraussagen zum äußeren Konflikt und begründe deine Ansicht.

Der Hauptkonflikt der Szene ist ein politisch-gesellschaftlicher. Der Adel mit seiner Willkürherrschaft (Präsident) steht dem Bürgertum (Miller) gegenüber, das einerseits untertänig sein muss, in dem aber andererseits Bürgerstolz aufkeimt. Leo

Im vorliegenden Dramenauszug kommt der Konflikt zwischen einer Obrigkeit, die ungerecht und willkürlich herrscht, und einem Bürgertum, das sich unterordnet, zum Ausdruck. Irina

Neben dem Hauptkonflikt, der hauptsächlich auf die strengen Standesschranken der damaligen Zeit abhebt, sind in beiden Familien auch innerfamiliäre Konflikte sichtbar. Konrad

3. Beschrifte die schematische Darstellung einer Dramenhandlung. Nutze die Vorgaben. Setze ein Kreuz an die Stelle des Handlungsverlaufs, an der du die Szene II/6 (S. 18 f.) einordnen würdest, und begründe.

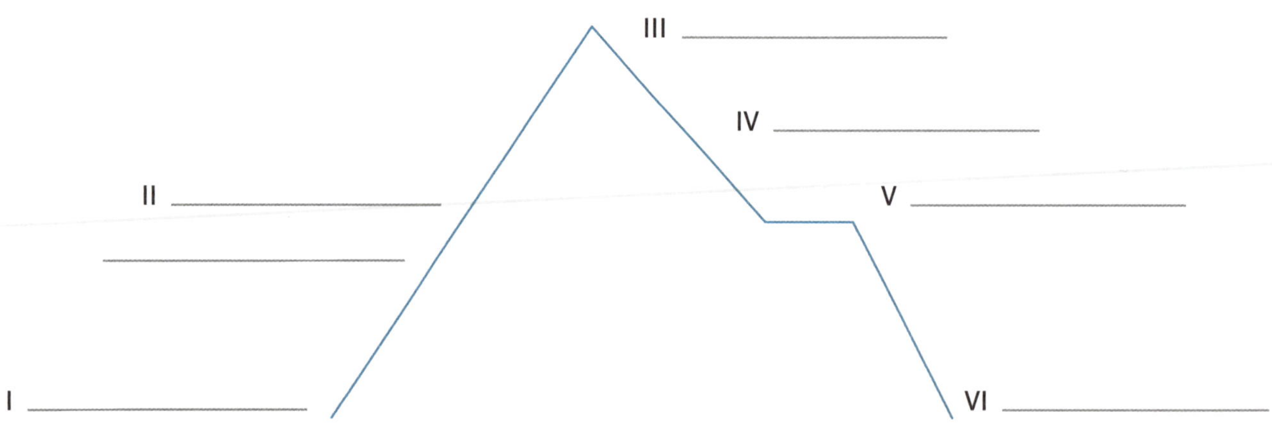

Lösung des Konflikts | fallende Handlung | Höhepunkt mit Peripetie | Exposition

retardierendes Moment | steigende Handlung mit erregendem Moment

4. Luises Vater wird von einem starken inneren Konflikt beherrscht, der mit unterschiedlicher Heftigkeit aufflammt. Untersuche diesen Konflikt genauer.
Vervollständige dazu als Grundlage die untenstehende Gefühlskurve. Gehe folgendermaßen vor:
- Miller äußert sich in der Szene viermal ausführlich (Z. 66 ff., 79 ff., 89 ff., 124 ff.). Formuliere jeweils die Kerngedanken seiner Aussagen unterhalb der x-Achse. Beachte auch die Regieanweisungen. Orientiere dich an dem Beispiel.
- Zeichne zur Verdeutlichung des inneren Konflikts dieser Figur die Gefühlskurve.

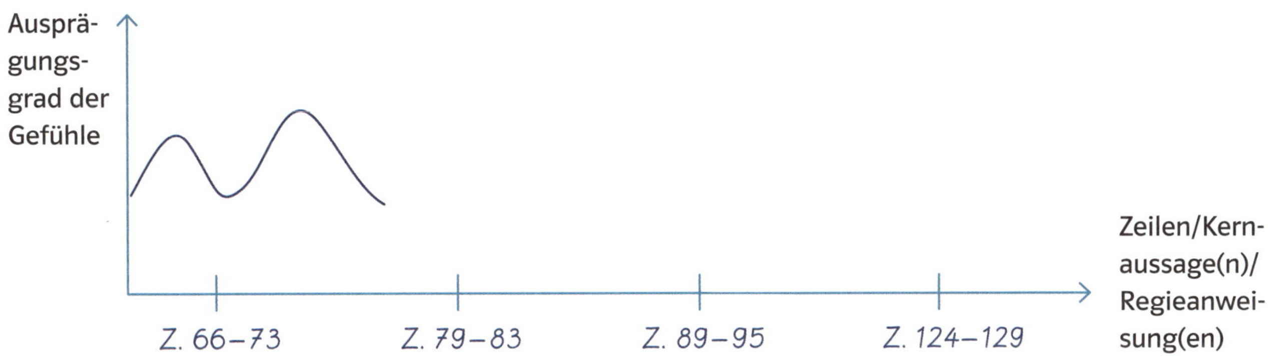

„[…] wechselweis vor Wut mit den Zähnen knirschend und vor Angst damit klappernd"
→ Wut und Angst zugleich
→ ist erbost über … ______

→ kritisiert das Mätressenwesen, grenzt die Bürgerlichen deutlich davon ab
______
______

______
______
______
______
______
______

______
______
______
______
______
______

5. Luise und ihre Mutter beobachten das Verhalten von Miller. Formuliere mögliche Gedanken, die den beiden Figuren jeweils durch den Kopf gehen könnten.

______
______
______
______
______
______
______

______
______
______
______
______
______
______

6. Beschreibe und interpretiere den Verlauf des inneren Konflikts von Luises Vater Miller. Nutze deine Ergebnisse der Aufgaben 4 und 5 und belege deine Aussagen am Text. Arbeite im Heft.

7. Lies die sich an den ersten Ausschnitt anschließende Szene II/7. Stelle Vermutungen darüber an, wie sich der Konflikt im Folgenden entwickeln könnte.

Friedrich Schiller (1759–1805)

Friedrich Schiller: Kabale und Liebe (Ausschnitt, 1784)

Zweiter Akt, siebente Szene

Gerichtsdiener. Die Vorigen.

Ferdinand *(eilt auf Luisen zu, die ihm halb tot in die Arme fällt).* Luise! Hilfe! Rettung! Der Schrecken überwältigt sie!

Miller *(ergreift sein spanisches Rohr, setzt den Hut auf und macht sich zum Angriff gefasst).*

Frau *(wirft sich auf die Knie vor dem Präsident).*

Präsident *(zu den Gerichtsdienern, seinen Orden entblößend).* Legt Hand an, im Namen des Herzogs – Weg von der Metze, Junge – Ohnmächtig oder nicht – wenn sie nur erst das eiserne Halsband[1] um hat, wird man sie schon mit Steinwürfen aufwecken.

Frau. Erbarmung, Ihro Exzellenz! Erbarmung! Erbarmung!

Miller *(reißt seine Frau in die Höhe).* Knie vor Gott! alte Heulhure, und nicht vor – – Schelmen, weil ich ja doch schon ins Zuchthaus muss.

Präsident *(beißt die Lippen).* Du kannst dich verrechnen, Bube. Es stehen noch Galgen leer! *(Zu den Gerichtsdienern.)* muss ich es noch einmal sagen?

Gerichtsdiener *(dringen auf Luisen ein).*

Ferdinand *(springt an ihr auf und stellt sich vor sie, grimmig).* Wer will was? *(Er zieht den Degen samt der Scheide und wehrt sich mit dem Gefäß.)* Wag' es, sie anzurühren, wer nicht auch die Hirnschale an die Gerichte vermietet hat. *(Zum Präsidenten.)* Schonen Sie Ihrer selbst! Treiben Sie mich nicht weiter, mein Vater.

Präsident *(drohend zu den Gerichtsdienern).* Wenn euch euer Brot lieb ist, Memmen –

Gerichtsdiener *(greifen Luisen wieder an).*

Ferdinand. Tod und alle Teufel! Ich sage: Zurück! – Noch einmal! Haben Sie Erbarmen mit sich selbst. Treiben Sie mich nicht aufs Äußerste, Vater.

Präsident *(aufgebracht zu den Gerichtsdienern).* Ist das euer Diensteifer, Schurken?

Gerichtsdiener *(greifen hitziger an).*

Ferdinand. Wenn es denn sein muss *(indem er den Degen zieht und einige von denselben verwundet),* so verzeih mir, Gerechtigkeit!

Präsident *(voll Zorn).* Ich will doch sehen, ob auch ich diesen Degen fühle. *(Er fasst Luisen selbst, zerrt sie in die Höhe und übergibt sie einem Gerichtsknecht.)*

Ferdinand *(lacht erbittert).* Vater, Vater! Sie machen hier ein beißendes Pasquill[2] auf die Gottheit, die sich so übel auf ihre Leute verstund und aus vollkommenen Henkersknechten schlechte Minister machte.

Präsident *(zu den Übrigen).* Fort mit ihr!

Ferdinand. Vater, sie soll an den Pranger stehen, aber *mit* dem Major, des Präsidenten Sohn – Bestehen Sie noch darauf?

Präsident. Desto possierlicher wird das Spektakel[3] – Fort!

Ferdinand. Vater, ich werfe meinen Offiziersdegen auf das Mädchen. – Bestehen Sie noch darauf?

Präsident. Das Porte-Epée[4] ist an *deiner* Seite des Prangerstehens gewohnt worden – Fort! Fort! Ihr wisst meinen Willen.

Ferdinand *(drückt einen Gerichtsdiener weg, fasst Luisen an einem Arm, mit dem andern zückt er den Degen auf sie).* Vater! Eh Sie meine Gemahlin beschimpfen, durchstoß' ich sie – Bestehen Sie noch darauf?

Präsident. Tu' es, wenn deine Klinge noch spitzig ist.

Ferdinand *(lässt Luisen fahren und blickt fürchterlich zum Himmel).* Du, Allmächtiger, bist Zeuge! Kein menschliches Mittel ließ ich unversucht – ich muss zu einem teuflischen schreiten – Ihr führt sie zum Pranger fort, unterdessen *(dem Präsidenten ins Ohr rufend)* erzähl' ich der Residenz eine Geschichte, wie man Präsident wird. *(Ab.)*

Präsident *(wie vom Blitz gerührt).* Was ist das? – Ferdinand – Lasst sie ledig! *(Er eilt dem Major nach.)*

[1] am Pranger
[2] Schmähschrift
[3] Schauspiel
[4] Degenhalterung

8. Die Szene II/7 kann man als „Spielszene" bezeichnen. Im Vergleich zu sogenannten „Redeszenen" wird hier die Handlung nicht nur durch Dialoge vorangetrieben, sondern auch deutlich durch das Spiel auf der Bühne. Schreibe Textstellen heraus, an denen sich das nachweisen lässt, und leite Interpretationsansätze daraus ab. Achte auch auf die Regieanweisungen.

9. Beurteile den folgenden literaturwissenschaftlichen Interpretationsansatz und belege deine Aussagen am Dramentext.

Hans Peter Herrmann/Martina Herrmann: Friedrich Schiller. Kabale und Liebe. Grundlagen und Gedanken zum Verständnis des Dramas (Ausschnitt, 1991)

[…] im heillosen emotionalen Wirbel der Szene behält allein Ferdinand einen kühlen Kopf, sagt sich von der ‚kindlichen Pflicht' los, tritt mit pathetischer Geste vor die bedrohte Familie und treibt die Auseinandersetzung mit dem Vater stufenweise bis zu dem Punkt, an dem dieser aufgeben muss, weil sein Sohn nicht bereit ist, auf Skrupellosigkeit mit Schonung zu antworten. […]

Schiller im Herzogtum Württemberg unter Karl Eugen

Friedrich Schiller wuchs im Herzogtum Württemberg auf. Sein Vater war Offizier in der Armee des Herzogs Karl Eugen. Schon als Dreizehnjähriger bekam Schiller die Willkür des Herzogs erstmals selbst zu spüren. Als Landesvater befahl er den Eintritt des jungen Schiller in die Karlsschule. Hier ließ Karl Eugen die Söhne des Adels und des gehobenen Bürgertums zu treuen Staatsdienern ausbilden. Obwohl der junge Schiller und seine Familie andere Pläne für seinen beruflichen Werdegang hatten, mussten sie sich der Willkür des Herzogs fügen. Somit stand Schiller in seinen Jugendjahren (1773–1780) unter der strengen Aufsicht des Landesherren, wodurch er seelisch sehr unausgeglichen war und sich nach Freiheit sehnte. Die gesellschaftlichen und politischen Zustände, die Schiller damals im Herzogtum Württemberg unter Karl Eugen erlebte, legte er seinem Trauerspiel „Kabale und Liebe“ zugrunde.

Willkürherrschaft

Bei seiner Kritik am willkürlichen Vorgehen gegen seine Untertanen wie Verhaftungen und Einkerkerungen ohne Gerichtsurteile (vgl. Vorgehen gegen Luises Eltern) hatte Schiller sicher das Schicksal des Dichters und Journalisten Friedrich Daniel Schubart (1739–1791) im Gedächtnis. Wegen seiner harten Kritik an absolutistischen Machenschaften ließ Karl Eugen ihn auf der Festung Hohenasperg einkerkern (1777–1787).

Intrigen

Für die Verbrechen, durch die Schiller den Präsidenten in sein Amt gelangen lässt, finden sich auch Vorbilder im Herzogtum Württemberg. Der zur Zeit Schillers als leitender Minister am württembergischen Hof amtierende Graf Friedrich Samuel Monmartin hatte sich 1762 das alleinige Vertrauen des Fürsten durch eine infame Intrige (gefälschte Briefe) gegen seinen einstigen Mitminister und nunmehrigen Rivalen, den Oberkriegsrat Friedrich Philipp Rieger, verschafft. Rieger, der dem Herzog mit brutalsten Mitteln die Soldatenaushebungen im Land organisiert hatte, wurde – nicht wie der Rivale in Schillers Stück beseitigt – aber doch aus dem Amt gejagt und als Hochverräter für Jahre gefangengesetzt.

10. Ergänze deine Vorarbeiten zum Hauptkonflikt in „Kabale und Liebe“ durch die Auswertung der textexternen Materialien oben.
- Markiere dir wichtig erscheinende Aspekte.
- Erläutere mögliche Hintergründe des Konflikts in „Kabale und Liebe“.

11. Formuliere eine Deutungshypothese zur Szene II/7 (S. 22).

12. Analysiere und interpretiere die Szene II/7 unter dem Schwerpunkt der Konfliktentwicklung und -gestaltung. Nutze deine Vorarbeiten und beziehe auch textexterne Aspekte ein. Arbeite im Heft.

Dramenszenen analysieren und interpretieren – die Figuren charakterisieren

Schülerbuch S. 149, 277 ■ Figuren

Zur **Charakterisierung einer Dramenfigur** untersuchst du neben dem **äußeren Erscheinungsbild** und dem **Verhalten** auch folgende Aspekte:
- **Lebensumstände**,
- **Inneres** (Einstellung, Interessen, Absichten, Gedanken und Gefühle),
- **Sprache** (Gesprächsverhalten, Ausdrucksweise, sprachliche Eigenarten),
- **Beziehung zu anderen Figuren/Bedeutung für die Handlung** (Haupt-/Nebenfigur, Protagonist/Antagonist, Kontrast-/Korrespondenzfigur).

Besonders wichtig für die Charakterisierung sind **direkte Aussagen** der Figur selbst im **Haupttext**, also in Dialogen und Monologen (Selbstcharakteristik). Außerdem geben **Aussagen anderer Figuren** Aufschluss über charakterliche Merkmale und Eigenschaften (Fremdcharakteristik). Auch Angaben im **Nebentext** (Regieanweisungen, Personenverzeichnis am Anfang) helfen bei der Figurenerschließung.

Gerhart Hauptmann: Der Biberpelz (Anfang, 1893)

Etwa hundert Jahre nach Friedrich Schillers Bürgerlichem Trauerspiel „Kabale und Liebe" erscheint „Der Biberpelz" von Gerhart Hauptmann, eine Diebeskomödie in vier Akten. Zentrale Figur ist die Waschfrau „Mutter Wolffen", die mit ihrem Mann Julius Wolff, einem Schiffszimmermann, und ihren Töchtern Leontine und Adelheid zusammenlebt und versucht, ihre Familie auch mithilfe ungewöhnlicher Beschaffungsmethoden durchzubringen. Sie zeichnet sich durch eine pfiffige und forsche Art aus. Die Zeit des Geschehens ist „gegen Ende der achtziger Jahre" des 19. Jahrhunderts angesiedelt und der Ort befindet sich „irgendwo in Berlin". Abgedruckt ist der Anfang des Stückes.

Kleiner, blaugetünchter, flacher Küchenraum mit niedriger Decke: ein Fenster links; eine rohgezimmerte Tür, ins Freie führend, rechts; eine Tür mit ausgehobenem Flügel mitten in der Hinterwand. – Links in der Ecke der Herd, darüber an der Wand Küchengerät am Rahmen, rechts in der Ecke Ruder und Schiffereigerät; gespaltenes Holz, sogenannte Stubben, unter dem Fenster in einem Haufen; eine alte Küchenbank, mehrere Schemel usw. usw. […]
Es ist Winter, der Mond scheint. Auf dem Herd in einem Blechleuchter steht ein brennendes Talglicht. Leontine Wolff ist auf einem Schemel am Herd, Kopf und Arme auf der Herdplatte, eingeschlafen. Sie ist ein siebzehnjähriges, hübsches, blondes Mädchen in der Arbeitstracht eines Dienstmädchens. Über der blauen Kattunjacke (= Baumwolljacke) hat sie ein dickes wollenes Brusttuch gebunden – Einige Sekunden bleibt es still, dann hört man, wie jemand bemüht ist, von außen die Tür aufzuschließen, in der jedoch von innen der Schlüssel steckt. Nun pocht es.

Frau Wolff *(unsichtbar, von außen).* Adelheid! Adelheid! Stille; dann wird von der anderen Seite ans Fenster gepocht. Wirschte gleich uffmachen!

Szenenfoto der Aufführung „Biberpelz" von G. Hauptmann. Käthe Dorsch als Mutter Wolffen

Leontine *(im Schlaf).* Nein, nein, ick lass' mir nich schinden!

Szenenfoto der Aufführung „Biberpelz" von G. Hauptmann

Frau Wolff. Mach uff, Mädel, sonste komm' ich durchs Fenster. Sie trommelt sehr stark ans Fenster.

Leontine *(aufwachend)*. Ach, du bist's, Mama! Ick komme ja schon! Sie schließt innen auf.

Frau Wolff *(ohne einen Sack, welchen sie auf der Schulter trägt, abzulegen)*. Was willst'n du hier?

Leontine *(verschlafen)*. 'n Abend, Mama!

Frau Wolff. Wie bist'n du reingekommen, hä?

Leontine. Na, übern Ziejenstall lag doch der Schlüssel. *Kleine Pause.*

Frau Wolff. Was willste denn nu zu Hause, Mädel?

Leontine *(läppisch maulend)*. Ich soll wohl man jar nich mehr bei euch komm?

Frau Wolff. Na, sei bloß so gutt un tu dich a bissel (= reiß dich zusammen). Das hab' ich zu gerne. *Sie lässt den Sack von der Schulter fallen.* Du weeßt woll noch gar nich, wie spät das schon is? Mach bloß, dasste fortkommst zu deiner Herrschaft.

Leontine. Wenn ick da man ooch wer mal'n bissken zu spät komm'!

Frau Wolff. Nu nimm dich in Obacht, hast du verstanden! Und sieh, daßte fortkommst, sonst haste verspielt.

Leontine *(weinerlich, trotzig)*. Ick jeh' nich mehr bei die Leute, Mama!

Frau Wolff *(erstaunt)*. Du gehst nich … *(Ironisch)* Ach wo, das is ja was ganz Neues.

Leontine. Na brauch' ick mir immer lassen schinden? […] Ick jeh' nich mehr bei die Leute hin. Dann jeh' ick lieber int Wasser, Mama!

Frau Wolff. Na, dasste ock bloß keen'n Schnuppen krigst.

Leontine. Ich spring' int Wasser!

Frau Wolff. Da ruff mich ock, heerschte! Ich wer der an Schubs geben, daste ooch ja – und fliegst nich daneben.

Leontine *(schreit heftig)*. Na, brauch ick mir das woll jefallen zu lassen, det ick abens muss Holz rinräumen zwee Meter?

Frau Wolff *(tut erstaunt)*. Nee, 's is woll nich meeglich! Holz sollst de reinschleppen! Nee, ieber die Leute aber ooch!

Leontine. … un zwanzich Daler uffs janze Jahr? Denn soll ick mir ooch noch die Poten (= Pfoten, Hände) verfrieren? Und nich ma satt Katoffel und Häring?!

Frau Wolff. Da red erscht nich lange, tummes Mädel. Da hast a Schlissel, geh, schneid d'r Brot ab. Un wenn de satt bist, scheer dich, verstanden?! 's Flaummus steht in der oberschten Reihe.

Leontine *(nimmt aus einer Schublade ein großes Brot und schneidet davon)*. Die Juste von Schulzens kriecht vierzig Daler un …

Frau Wolff. Renn du bloß mit'n Kopp durch de Wand! – Du wirscht bei da Leuten nich ewig bleiben. Du bist ni vermit't fir ewige Zeiten. – Meinswegen zieh du zum erschten April. – So lange bleibste an Ort un Stelle! –'s Weihnachtsgeschenk in der Tasche, gelt, nu mechtste fortloofen? Das is keene Mode! – Ich geh' bei da Leuten aus und ein. Das wer ich woll uff mir sitzen lassen!

Leontine. Det bissken Lumpe, det ick da anhabe?

Frau Wolff. 's baare Geld vergissté woll ganz?

Leontine. Jawoll doch! Janze Märker sechse!

Frau Wolff. I, Geld is Geld! Das lass du gutt sein!

Leontine. Na, wenn ick aber kann mehr verdien'n?

Frau Wolff. Mit'n Maule!

Leontine. Nee, mit de Nähmaschine. Ick jeh nach Berlin und nähe Mäntel! Stechowns Emilie jeht ooch seit'n Neujahr!

Frau Wolff. Komm du mer bloß mit der Schlumpe (= Schlampe) gezogen! Die soll mer ock unter de Finger loofen! […] Nee, Mädel, wenn ich bloß dadran denke: ich hau' dich, dasste schon gar nich mehr uffstehst. – Nu kommt Papa, jetzt nimm dich in Obacht!

Leontine. Wenn Papa mir verpaukt (= verhaut), denn loof ick fort; denn wer ick schon sehn, wo ick bleiben du'.

1. Lies den Beginn des Stückes „Der Biberpelz“ und formuliere deinen ersten Eindruck vom Geschehen und von den beiden Figuren.

2. Notiere eine Überschrift für den vorliegenden Szenenausschnitt.

3. Informiere dich über die Handlung des gesamten Dramas und notiere Stichpunkte zu jedem der vier Akte.

1. Akt:

2. Akt:

3. Akt:

4. Akt:

4. Das Stück „Der Biberpelz“ gilt als sozialkritisches Drama und wird als „Milieustudie“ bezeichnet. Das heißt, dass der Mensch möglichst realistisch in seinem sozialen Milieu gezeigt wird. Weise dies am Text nach, indem du besonders auf die Sprache der Figuren und die Regieanweisungen achtest. Notiere Beispiele mit Zeilenangaben.

5. Markiere in dem Szenenausschnitt (S. 25 f.) mit unterschiedlichen Farben Textstellen, aus denen Standpunkte und Ansichten der beiden Figuren deutlich werden.

6. Verfasse einen inneren Monolog für Leontine, in dem ihre Haltung zum Geschehen deutlich wird. Arbeite im Heft.

7. Notiere unter Bezugnahme auf konkrete Textstellen Stichpunkte, wie du dir Frau Wolffs Mimik und Gestik vorstellst. Leite Interpretationsansätze ab.

____

____

____

____

____

____

8. Versetze dich in die Figur der Frau Wolff und formuliere mögliche Gedanken, die ihr durch den Kopf gehen könnten, als sie auf ihre Tochter Leontine trifft.

____

____

____

____

9. Entscheide auf Grundlage des Dramenausschnitts und deiner Ergebnisse aus Aufgabe 3, welche Eigenschaften auf Frau Wolff zutreffen, und kreuze entsprechend an.

- ☐ liebevoll, zärtlich
- ☐ selbstbewusst
- ☐ fürsorglich
- ☐ kämpferisch
- ☐ schlau
- ☐ ängstlich
- ☐ ehrlich
- ☐ fleißig

10. Charakterisiere schriftlich die Figur der Frau Wolff. Achte dabei auf
- ihr Äußeres,
- ihr Verhalten,
- ihre Sprache und ihr Gesprächsverhalten,
- ihre Lebensumstände,
- ihre Beziehung zu ihrer Tochter.

Du kannst so beginnen. Arbeite im Heft.

In dem Stück „Der Biberpelz" von Gerhart Hauptmann ist Frau Wolff der wichtigste Charakter. Sie arbeitet als Wäscherin, ist verheiratet mit dem Schiffzimmerer Julius Wolff und hat zwei Töchter, Leontine und Adelheid.
...

Das kannst du jetzt! – Klassenarbeitstraining ☆

Analysiere und interpretiere den vorliegenden Szenenausschnitt. Berücksichtige dabei besonders die Wirkung der beiden Figuren und ihr Verhältnis zueinander. Nutze auch das Material (M1).

Friedrich Dürrenmatt: Der Besuch der alten Dame (Ausschnitt, Neufassung 1980)

Der Schweizer Autor Friedrich Dürrenmatt zeigt in dieser modernen „tragischen Komödie", wie Claire Zachanassian, die von ihrem Jugendfreund Ill verführt, dann aber von ihm verlassen wurde und schließlich als Multimilliardärin in ihren Heimatort zurückkehrt, auf Rache sinnt und für Ills Leben der Stadt eine Milliarde bietet. Im folgenden Ausschnitt erinnern Claire und Ill sich an alte Zeiten.

Dritter Akt

[…]

Ill. Du hattest – ich meine, wir hatten ein Kind?

Claire Zachanassian. Gewiss.

Ill. War es ein Bub oder ein Mädchen?

Claire Zachanassian. Ein Mädchen.

Ill. Und was hast du ihm für einen Namen gegeben?

Claire Zachanassian. Geneviève.

Ill. Hübscher Name.

Claire Zachanassian. Ich sah das Ding nur einmal. Bei der Geburt. Dann wurde es genommen. Von der christlichen Fürsorge.

Ill. Die Augen?

Claire Zachanassian. Die waren noch nicht offen.

Ill. Die Haare?

Claire Zachanassian. Schwarz, glaube ich, doch das sind sie ja oft bei Neugeborenen.

Ill. Das ist wohl so.

Schweigen. Rauchen. Gitarre.

Ill. Bei wem ist es gestorben?

Claire Zachanassian. Bei Leuten. Ich habe die Namen vergessen.

Ill. Woran?

Claire Zachanassian. Hirnhautentzündung. Vielleicht auch etwas anderes. Ich erhielt eine Karte von der Behörde.

Ill. Bei Todesfall kann man sich auf die verlassen.

Schweigen.

Claire Zachanassian. Ich erzählte dir von unserem Mädchen. Nun erzähl von mir.

Ill. Von dir?

Claire Zachanassian. Wie ich war, als ich siebzehn war, als du mich liebtest.

Ill. Musste dich einmal lange suchen in der Peterschen Scheune, fand dich in der Droschke im bloßen Hemd mit einem langen Strohhalm zwischen den Lippen.

Claire Zachanassian. Du warst stark und mutig. Hast gegen den Eisenbähnler gekämpft, der mir nachstrich. Ich wischte dir das Blut aus dem Gesicht mit meinem roten Unterrock. […]

Ill. Nun ist es so weit. Wir sitzen zum letzten Mal in unserem bösen Wald voll Kuckuck und Windesrauschen.

Die Bäume bewegen ihre Äste.

Ill. Heute Abend versammelt sich die Gemeinde. Man wird mich zum Tode verurteilen, und einer wird mich töten. Ich weiß nicht, wer es sein wird und wo es geschehen wird, ich weiß nur, dass ich ein sinnloses Leben beende.

Claire Zachanassian. Ich liebte dich. Du hast mich verraten. Doch den Traum von Leben, von Liebe, von Vertrauen, diesen einst wirklichen Traum habe ich nicht vergessen. Ich wIll ihn wieder errichten mit meinen MIlliarden, die Vergangenheit ändern, indem ich dich vernichte.

1. Analysiere die Aufgabenstellung (S. 29) und notiere die vorgegebenen Schwerpunkte.

2. Gib den Inhalt des Szenenausschnitts unter Bezug auf die gesamte Dramenhandlung mit eigenen Worten wieder.

M 1 [...] Dürrenmatt lehnt jede künstlerische, politische oder religiöse Fixierung ab; er bezeichnet es als seine Aufgabe, nicht Therapeut, sondern Diagnostiker, nicht Ideologe, sondern skeptischer Opponent zu sein, dessen Literatur das Publikum zu Irritation und kritischer Reflexion bewegen soll. Angeregt durch mythologische, profan- und religionsgeschichtliche sowie auch naturwissenschaftliche Stoffe, geht es in seinen Werken um Recht und Unrecht, Macht und Gewalt, Ohnmacht und Gnade; es agieren Richter und Angeklagte, Henker und Opfer. [...]

(Harenbergs Lexikon der Weltliteratur, Band 2, S. 802)

3. Notiere die Kernaussage des Lexikonauszugs (M 1) mit eigenen Worten.

4. Markiere Textstellen in dem Szenenausschnitt (S. 29), bei denen für dich ein Bezug zu dem Materialtext (M 1) deutlich wird.

5. Ordne den Szenenausschnitt (S. 29) in den Handlungszusammenhang des Dramas ein.

6. Untersuche, welche Erlebnisse sich beide Figuren in dem Szenenausschnitt (S. 29) in Erinnerung rufen, und erläutere, wie diese Erinnerungen sprachlich gestaltet sind.

7. Übernimm die folgende Tabelle und ergänze sie. Arbeite im Heft.

Figuren	Sprachliche Besonderheiten	Wirkung
Claire Zachanassian		
Ill		

8. Beschreibe, wie du dir den Szenenausschnitt (S. 29) auf der Bühne vorstellst, und begründe.

9. Lies den Szenenausschnitt (S. 29) nochmals mehrfach und mach dir Notizen zu auffälligen und wichtigen Aspekten. Erarbeite dir ein Textverständnis, das du unter Berücksichtigung der Aufgabenstellung (S. 29) in einer Deutungshypothese ausformulierst.

10. Verfasse eine Interpretation des Szenenausschnitts aus „Der Besuch der alten Dame" (S. 29). Belege deine Untersuchungsergebnisse am Text. Arbeite im Heft.

11. Überarbeite deine Interpretation, indem du die Schlüssigkeit der Darstellung, die Verwendung von Fachwörtern, den angemessenen sprachlichen Ausdruck sowie die sprachliche Korrektheit überprüfst.

EXTRA: Üben – Sprachtraining

Die Kommasetzung beherrschen

1. Prüfe, ob sich in den folgenden Sätzen Aufzählungen finden, und ergänze farbig die fehlenden Kommas.

Die Karlsschule

a) Acht Jahre seines Lebens verbringt Schiller in der verhassten dunkelblauen Uniform und hadert mit dem strengen unmenschlichen Reglement in der Hohen Karlsschule zu Stuttgart.

b) Zwischen langen steifen Unterrichtsstunden dem quälenden militärischen Exerzieren und der regelmäßigen religiösen Andacht bleibt den Karlsschülern kaum Luft zum Atmen.

c) Dennoch schafft sich der pubertierende poetisch und philosophisch begabte Teenager Freiräume: In einer Art „Club der toten Dichter" lesen literarisch interessierte Schüler verbotene heimlich in die Schule geschmuggelte Bücher schnupfen Tabak und schlürfen Kaffee.

d) Beim jährlichen herzoglichen Stiftungsfest ließ sich Herzog Karl Eugen in Theaterspielen huldigen.

e) Den erfolgreichen adeligen Schülern reichte der Herzog gnädig seine Hand zum Kuss; erfolgreiche bürgerliche Schüler hingegen durften ihm bestenfalls den Rockschoß küssen.

f) Teile seines Freiheitsdramas „Die Räuber" schreibt der empfindsame sehr freiheitsliebende Schiller „illegal" bei schwachem flackernden Kerzenlicht im Schlafsaal der Karlsschule.

2. Ergänze in den folgenden Sätzen farbig die fehlenden Kommas bei Zusätzen und nachgestellten Erläuterungen.

a) Zweimal wird Schiller wegen „Unreinlichkeit" noch mit fast 15 Jahren soll er ein Bettnässer gewesen sein mit Stockhieben und Arrest bestraft.

b) 1776 die Akademie war 1775 nach Stuttgart verlegt worden kam Schiller zum Entsetzen seines Vaters in die neu eingerichtete medizinische Fakultät.

c) Der Dichter Christian Friedrich Daniel Schubart zehn Jahre von 1777 bis 1787 auf der Festung Hohenasperg eingekerkert lieferte Schiller den Stoff für sein erstes Drama „Die Räuber" den Konflikt zwischen zwei ungleichen Brüdern.

d) Um Schiller sammelte sich ein Kreis Gleichgesinnter, die alles lasen, was sie an Literatur des Sturm und Drang bekommen konnten beispielsweise Werke von Wieland (1733–1813), Goethe (1749–1832), Klinger (1752–1831) oder Bürger (1747–1794).

3. Kläre, ob in den folgenden Sätzen (S. 33) der erweiterte Infinitiv mit *zu* durch ein Komma abgetrennt werden muss. Setze die obligatorischen Kommas farbig.

a) 1780 verlässt Schiller die Karlsschule als Doktor der Medizin um eine Stelle als Regimentsarzt in Stuttgart zu übernehmen.

b) In ständiger Angst beim Schreiben „erwischt“ zu werden, beendet er sein erstes Werk „Die Räuber“ mit der Absicht das Lesedrama noch 1781 anonym zu veröffentlichen.

c) Schiller erhält vom Intendanten des Mannheimer Nationaltheaters den Auftrag sein Lesedrama in eine Theateraufführung umzuschreiben.

d) Ohne eine Erlaubnis des Herzogs zu besitzen unternimmt er eine Ausfahrt nach Mannheim um an der Uraufführung seines Werkes „Die Räuber“ teilzunehmen, was ihm 14 Tage Haft einbringt.

e) Als der Herzog bemerkt, dass sich Schiller im 2. Akt dieses Stückes negativ über die Graubündner äußert, verbietet er dem aufsteigenden Dichter zu schreiben.

f) Daraufhin beschließt Schiller mit seinem Freund nach Mannheim zu fliehen.

g) Nach einem Jahr schafft es Schiller vom Intendanten des Nationaltheaters Mannheim einen Einjahresvertrag als Theaterdichter zu erhalten.

4. **Lies den folgenden Text und markiere jeweils ein Beispiel für**
- Komma bei Aufzählungen,
- Komma zwischen Haupt- und nachgestelltem Nebensatz,
- Komma zwischen Haupt- und vorangestelltem Nebensatz,
- Komma zwischen Haupt- und eingeschobenem Nebensatz,
- Komma zwischen Hauptsatz und nachgestelltem Nebensatz mit Relativsatz.
Arbeite mit unterschiedlichen Farben.

Schillers erstes Drama

„Die Räuber“ ist der Titel des ersten veröffentlichten Dramas von Friedrich Schiller, das in der Epoche der Aufklärung entstand und der Strömung Sturm und Drang in der deutschen Literatur zuzurechnen ist. Bevor es 1782 in Mannheim uraufgeführt wurde, hatte es Schiller 1781 zunächst als Lesedrama anonym veröffentlicht.

Das Drama sorgte für nationales Aufsehen und Schiller wurde dadurch mit einem Mal berühmt. Das Stück schildert die Konkurrenz zweier Brüder: Karl Moor auf der einen Seite, der von seinem Vater geliebte, intelligente, freiheitsliebende spätere Räuber, der ungeliebte Bruder Franz auf der anderen Seite, herzlos, kalt und berechnend. Franz, der von Natur aus hässlich ist, wurde in seiner Kindheit vernachlässigt und hat als Zweitgeborener kein Anrecht auf das Erbe.

Der Lieblingssohn Karl dagegen führte in Leipzig ein recht leichtsinniges und ungezügeltes Studentenleben, bevor er Besserung gelobte und seinem Vater einen Brief schrieb, mit dem er seinen Wunsch um Vergebung zum Ausdruck brachte.

Einen lyrischen Text schriftlich interpretieren

Lyrische Texte analysieren und interpretieren

Schülerbuch S. 128 ▪ Lyrische Texte interpretieren

Lies den Text gründlich und sammle **erste Eindrücke**. Du kannst **Fragen** zum Textverständnis **formulieren**. Nenne das **Thema, zentrale Vorgänge, Bilder, Gedanken** oder **Motive**, bevor du eine **Deutungshypothese** aufstellst.

Bei der **detaillierten Analyse** des lyrischen Textes kannst du **strophenweise** vorgehen **oder aspektorientiert** nach Schwerpunkten. Du untersuchst dabei den Inhalt, das Thema, die lyrischen Mittel sowie formale, sprachliche und klangliche Mittel und stellst für die **Interpretation** einen **Zusammenhang zwischen Inhalt und Form** her. Belege alle **Analyseergebnisse am Text** und nutze nur die Ergebnisse, die dem Nachweis deiner Deutungshypothese dienen.

Erstelle einen **Schreibplan** und gliedere deine Ausführungen in **Einleitung** (mit Einstieg, allgemeinen Angaben und Deutungshypothese), **Hauptteil** (Inhalt-Form-Beziehung und deren Wirkung im Zusammenhang mit der Deutungshypothese, Textbelege) und **Schluss** (Zusammenfassung wesentlicher Ergebnisse, Rückbezug zur Einleitung, weiterführende Gedanken, z. B. zur Aktualität).

Ulla Hahn: Mit Haut und Haar (veröffentlicht 1981)

Ich zog dich aus der Senke deiner Jahre
und tauchte dich in meinen Sommer ein
ich leckte dir die Hand und Haut und Haare
und schwor dir ewig mein und dein zu sein.

Du wendetest mich um. Du branntest mir dein Zeichen
mit sanftem Feuer in das dünne Fell.
Da ließ ich von mir ab. Und schnell
begann ich vor mir selbst zurückzuweichen

und meinem Schwur. Anfangs blieb noch Erinnern
ein schöner Überrest der nach mir rief.
Da aber war ich schon in deinem Innern
vor mir verborgen. Du verbargst mich tief.

Bis ich ganz in dir aufgegangen war:
da spucktest du mich aus mit Haut und Haar.

Johann Wolfgang Goethe: Der Abschied (1770)

Lass mein Aug den Abschied sagen,
Den mein Mund nicht nehmen kann!
Schwer, wie schwer ist er zu tragen!
Und ich bin doch sonst ein Mann.

Traurig wird in dieser Stunde *→ vorangestellt, dadurch betont*
Selbst der Liebe süßstes Pfand,
Kalt der Kuss von deinem Munde,
Matt der Druck von deiner Hand.

Sonst, ein leicht gestohlnes Mäulchen,
O wie hat es mich entzückt!
So erfreuet uns ein Veilchen,
Das man früh im März gepflückt.

Doch ich pflücke nun kein Kränzchen,
Keine Rose mehr für dich.
Frühling ist es, liebes Fränzchen,
Aber leider Herbst für mich!

1. Lies die beiden Gedichte „Mit Haut und Haar“ und „Der Abschied“. Notiere Stichpunkte zu ähnlichen thematischen Aspekten beider Gedichte. Arbeite im Heft.

2. In dem folgenden Auszug einer Interpretation zu Goethes Gedicht „Der Abschied“ finden sich auch Aussagen zu Ulla Hahns Gedicht „Mit Haut und Haar“.
Markiere diese Textstellen, die nicht auf Goethes Gedicht zutreffen, und ergänze die passenden Aussagen zu dem Gedicht „Der Abschied“.

[...] Ein lyrisches Ich beklagt den Moment der Trennung und die dabei wahrgenommene Umwertung der bis dahin positiven Zeichen der Liebe, wie den „Kuss" (V. 7) oder den Händedruck (vgl. V. 8), vergleicht die Zeit seiner Liebe und den Abschied mit einer Metaphorik aus dem Tierreich. Hierbei fällt auf, dass sich diese Bildhaftigkeit über das gesamte Gedicht zieht. Es entsteht der Eindruck, dass der lyrische Sprecher im Nachhinein seine Beziehung überdenkt und mit dem Partner abrechnet. Das Gedicht besteht aus vier Strophen (drei Quartette und eine Paarstrophe) und ist im vierhebigen Trochäus geschrieben, verbunden mit einem Kreuzreim und einem regelmäßigen Wechsel zwischen weiblichen und männlichen Kadenzen. Dieser Gedichtaufbau, erinnernd an ein Volkslied, spiegelt den Ich-Verlust des lyrischen Sprechers. Hierbei bewirkt der Trochäus die getragene, traurig klagende Stimmung. Das lyrische Ich „kann" (V. 2) seinem „[ge]lieb[ten] Fränzchen" (V. 15) die Worte des Abschieds nicht sagen, „[s]ein Mund", hier ein pars pro toto, muss aufgrund des Unvermögens, diese Situation in passende Worte zu fassen, dem „Aug[e]" (V. 1) symbolisch als Spiegel der Seele den Vorrang lassen. Die Geliebte soll im Inneren des Sprechers sehen, „wie schwer" (V. 3) diesem der Abschied fällt. Formal wird dieser Aspekt noch bestärkt durch die Wiederholung des Adjektivs und den Einsatz des Verbs „tragen" (V. 3). Fast parallel gebaut sind die zwei zusammengezogenen Sätze der ersten Strophe, anaphorisch mit „ich" (V. 1, 3) beginnend, die den Anfang der Beziehung markieren.

1. Ergänzung:

2. Ergänzung:

3. Ergänzung:

4. Ergänzung:

5. Ergänzung:

3. Führe den begonnenen Hauptteil einer Interpretation zu Goethes „Der Abschied" (Aufgabe 2) fort, indem du auch auf die anderen Strophen eingehst.
- Markiere im Gedicht (S. 34) sprachliche Mittel. Orientiere dich an dem Beispiel.
- Kläre die Bedeutung der Blumensprache und der Jahreszeiten.
- Belege deine Aussagen am Text.

Arbeite im Heft.

4. Vergleiche die beiden Einleitungen für eine Interpretation zu „Der Abschied“ (S. 34) mit Blick auf Inhalt, Wortwahl und Syntax. Lege dazu eine Tabelle an. Entscheide, welche die gelungenere Einleitung ist, und begründe kurz. Arbeite im Heft.

A *Abschied – ein Wort mit zwei Seiten: Einerseits sind Abschiede von Menschen, Situationen, Orten, Gewohnheiten notwendig, um sich weiterentwickeln zu können, werden erhofft, ersehnt, andererseits schmerzen Abschiede, wenn man sich gar nicht trennen möchte und doch dazu gezwungen ist. Auch Johann Wolfgang Goethe thematisiert in seinem um 1770 entstandenen Gedicht „Der Abschied" aus dem Sturm und Drang, welches nach dem ersten Lesen traurig, ratlos und schwer wirkt, eine Trennung, hier der schmerzliche Abschied eines Mannes von seiner Geliebten.*

B *Johann Wolfgang von Goethe schrieb sein Gedicht um 1770. Es ist damit in den Sturm und Drang einzuordnen und trägt den Titel „Der Abschied", was auch zugleich das Thema ist. In dem Gedicht geht es darum, dass ein lyrischer Sprecher sich von seiner Geliebten trennt. Man merkt ganz deutlich, dass dem lyrischen Ich die Trennung sehr schwer fällt. Das Gedicht wirkt traurig. Aber Abschiede sind immer traurig. Wahrscheinlich möchte der lyrische Sprecher seine Geliebte nicht verlassen.*

5. Überlege, ob die Aussage des Gedichts „Der Abschied“ (S. 34) auch heute noch aktuell ist. Formuliere knapp deine Gedanken.

____

____

6. In einer Interpretation kommt es auch darauf an, den Inhalt kurz und treffend zusammenzufassen. Überarbeite die folgende Inhaltsangabe zum Gedicht „Mit Haut und Haar“ von Ulla Hahn (S. 34), indem du Wiederholungen vermeidest und Ungenauigkeiten präzisierst. Die Markierungen geben dir eine Hilfestellung. Arbeite im Heft.

In der ersten Strophe beschreibt das lyrische Ich den Beginn einer Beziehung zu einem anderen Menschen und die Rettung dessen aus einer schlechten Phase seines Lebens. In der zweiten Strophe wird nun das Handeln der zweiten Person beschrieben. Sie verändert das lyrische Ich so, dass das lyrische Ich die eigene Identität verliert. In der dritten Strophe lebt das lyrische Ich nur noch für seinen Partner, geht praktisch in seinen Besitz über.
Dies steigert sich in Strophe vier dahingehend, dass die Liebe zu seinem Partner nun alles ist, was dem lyrischen Ich geblieben ist, denn es ist nichts Eigenes mehr vorhanden, wird ganz vom Partner bestimmt. Dies ist der Moment, wo beschrieben wird, wie der Partner das lyrische Ich verlässt.

7. Beschreibe, auf welche Art und Weise Abschied in dem Gedicht „Mit Haut und Haar“ (S. 34) thematisiert wird.

____

____

____

____

8. Beurteile, wie in dem folgenden Schülerbeispiel Zitate aus dem Gedicht „Mit Haut und Haar“ (S. 34) in den Textzusammenhang eingebaut und für die Begründung genutzt wurden. Notiere Stichpunkte.

[...] Der Partner wurde damit aus der „Senke [s]einer Jahre" (V. 1) gezogen, was durchaus eine Art Kraftanstrengung für das lyrische Ich darstellt und für den Partner einer Errettung aus einer für ihn schlechten Zeit gleicht, dargestellt durch die Wunden, die dann vom lyrischen Ich „[ge]leckt[ ]" (V. 3) werden. Die eigene Welt des Sprechers wird als „Sommer" (V. 2) bezeichnet, hier symbolisch für emotionale Wärme und positives Licht stehend. Dabei handelt das lyrische Ich aktiv und endet mit einem Schwur (vgl. V. 4), der dem Partner zwar verspricht, ihm zu gehören: „dein zu sein" (V. 4), aber auch das Eigene bewahren möchte: „mein [...] zu sein." (V. 4). Durch die Assonanz bei den Pronomen ist der Unterschied nicht auf den ersten Blick zu erkennen. [...]

____

____

____

9. Bewerte den folgenden Auszug aus einer Schülerinterpretation zu dem Gedicht von Ulla Hahn (S. 34) und überarbeite ihn. Achte dabei auch auf die Verwendung von Fachbegriffen. Arbeite im Heft.

[...] Der Partner verändert das lyrische Ich, wendet es um (Zitat: V. 5f. „Du wendetest mich um. Du branntest mir dein Zeichen mit sanftem Feuer in das dünne Fell.") Hierbei steht das Fell stellvertretend für das lyrische Ich, welches nicht sehr stark, also „dünn" ist, das sanfte Feuer merkt man nicht so schnell und mit einem Brandzeichen markiert man seinen Besitz, nämlich den von Tieren, nicht von Menschen. Also gehört jetzt das lyrische Ich dem anderen. [...]

10. Erstelle für die Interpretation des Gedichts „Mit Haut und Haar" von Ulla Hahn (S. 34) einen Schreibplan. Arbeite im Heft.

11. Interpretiere das Gedicht „Mit Haut und Haar" von Ulla Hahn (S. 34) schriftlich. Nutze deine Vorarbeiten. Arbeite im Heft.

Axel Schröder: Abschied (2015)

Grauer Morgen schlüpft durch's Fenster,
kommt, die Träume zu vertreiben
und die Hoffnungswunschgespenster;
will Dich nicht so liegen bleiben
lassen, wo dich Licht nie fände.
Dein Schlaf schützt dich resolut.
Träume deinen Traum zu Ende.
Du lächelst. Ich denk, er ist gut.

Im Schrank welkt, was einst dein Kleid war.
Weil 's außer Dir keiner trägt
war das wohl ganz unvermeidbar.
Du hast deinen Kopf abgelegt
auf artig gefaltete Hände.
Mir fehlt zum Beten der Mut.
Träum Dein Gebet noch zu Ende.
Du lächelst. Ich denk, es ist gut.

Der Tag kommt. Was soll, wird geschehen.
Ich weiß, Du hast das akzeptiert.
Nur ich werde weiter hier stehen
ein Jemand, der hoffnungslos stiert
auf das leere Bett, ein Gelände
in dem sich ab dann nichts mehr tut.
Träum Deinen Traum noch zu Ende.
Du lächelst. Ich denk, er ist gut.

12. Lies Axel Schröders Text „Abschied“ (S. 37). Formuliere deinen ersten Eindruck zu diesem Poetry Slam sowie eine Deutungshypothese.

13. Beschreibe die Beziehung des lyrischen Ichs zum lyrischen Du und belege deine Aussagen durch geeignete Textstellen.

14. Überprüfe den folgenden Kommentar des Autors am Text und formuliere eine Erwiderung. Lass deine begründete Meinung zu diesem Poetry Slam einfließen. Arbeite im Heft.

Neue Kommentare von Axel Schröder

21.11.2015 12:37 | Antwort auf: Abschied

Naja, die Wahrheit ist: in der ersten Strophe ist ein rhythmischer Holperer drin – da sollte es eigentlich auch heißen „Träum deinen Traum noch zu ende“. Würde es heute ein wenig anders aufteilen. Beginnen mit „Grau schlüpft der Morgen durchs Fenster“; die dritte Strophe mit „Tag kommt. Was soll, wird geschehen.“ Aber das „denk“ passt schon zur Melodie in meinem Kopf … ;)

15. „Im Abschied liegt die Geburt der Erinnerung“. (S. Dalí) – Überlege, inwiefern sich die Aussage dieses Ausspruches in dem Gedicht „Abschied“ von Axel Schröder (S. 37) niederschlägt, und formuliere mögliche Erinnerungen. Arbeite im Heft.

16. Axel Schröder hat seinen Text anlässlich des Internationalen Kinderkrebstages geschrieben. Notiere Stichpunkte, welchen Einfluss diese Information auf die Interpretation hat.

17. Kopiere das Gedicht „Abschied“ von Axel Schröder (S. 37). Probe verschiedene Vortragsweisen und entscheide dich begründet für eine. Markiere das Gedicht für deinen Vortrag und trage es in der Klasse vor.

Textexterne Aspekte zur Interpretation nutzen

Schülerbuch S.132 ■ Textexterne Aspekte

Historische, geistesgeschichtliche, biografische, literaturgeschichtliche Kontexte oder Bezüge zu **anderen literarischen Texten** können deine Interpretation erweitern oder vertiefen, z. B.
- typische zeitgemäße Denkweisen, Einstellungen und Themen,
- bekannte Motive, Figuren und Anspielungen auf andere Texte,
- epochentypische Gestaltungsmittel.

Stelle auf Grundlage der textexternen Materialien **Fragen** an den zu interpretierenden Text und weise deine Ergebnisse durch **Textbelege** nach.

Doris Runge: mitteilung an noah (1985)

der regen fällt
ich baute keine arche
aber schwimmen lernte ich
beim abreißen der kalenderblätter

der regen fällt
ich halte den Kopf
über steigendes wasser
kein grüner zweig

nur leise wellen
das stirnrunzeln
sterbender bäume
und treibholz
abgesplitterte träume

dein taube ertrank

seitdem ziehen krähen
schwarzbeflügelt
das muster
für meine tage

Laut **Altem Testament** wollte Gott einen Neuanfang und die Menschen für ihr sündhaftes Leben bestrafen. Deshalb sollte **Noah**, der einzig Gerechte, eine Arche bauen, die der Sintflut trotzen würde, sich in dieser mit seiner Familie und Landtieren in Sicherheit bringen und die Fluten abwarten. Noah tat, wie ihm geheißen, und die Sintflut vernichtete alles andere Leben. Nach vielen, vielen Tagen schickte Noah eine Krähe aus, die erkunden sollte, ob sich das Wasser zurückgezogen habe, aber die Krähe brachte keine gute Kunde. Wieder Tage später schickte Noah eine Taube, sie kehrte mit einem Ölbaumzweig im Schnabel zurück. Da wusste Noah um seine Rettung und Gott schloss einen neuen Bund mit den Menschen.

1. Lies das Gedicht von Doris Runge und formuliere deinen ersten Eindruck sowie eine Deutungshypothese.

____

____

____

____

2. Kreuze typische Gestaltungsmittel der Moderne an, die auf dieses Gedicht zutreffen.

☐ feste Gedichtform ☐ subjektive Sicht ☐ Brechung der Normgerechtheit der Sprache
☐ freirhythmisch ☐ unregelmäßiger Bau ☐ objektive Sicht
☐ Normgerechtheit der Sprache ☐ reimlich und metrisch gebunden

3. Fasse den Inhalt des Gedichts von Doris Runge (S. 39) kurz zusammen. Wähle dazu aus den Vorgaben einen Anfang aus und begründe deine Entscheidung. Arbeite im Heft.

A In diesem Gedicht formuliert ein lyrisches Ich an die biblische Gestalt Noah eine Mitteilung, in der …

B Das Gedicht von Doris Runge handelt von einer Mitteilung. Diese Mitteilung wird von einem lyrischen Sprecher, einem lyrischen Ich, an Noah gerichtet. In der Mitteilung steht, dass …

C Das Gedicht von Doris Runge beinhaltet eine wichtige Mitteilung, die jemand an Noah richtet, …

4. Markiere in dem Gedicht „mitteilung an noah" (S. 39) alle Textstellen, die sich auf die biblische Geschichte (vgl. grüner Kasten) beziehen.

5. Übernimm die folgende Tabelle zu Gemeinsamkeiten und Unterschieden zwischen der biblischen Geschichte und dem Gedicht „mitteilung an noah" (S.39) und fülle sie aus. Beziehe dich auf die Grundsituation und den lyrischen Sprecher im Vergleich zu Noah. Arbeite im Heft.

	Gemeinsamkeiten	Unterschiede
Grundsituation		
lyrischer Sprecher/Noah		

6. Erläutere den Umgang mit dem biblischen Stoff und notiere Stichpunkte zu Aussage und Wirkung des Gedichts.

7. Liste mit Zeilenangabe sprachliche und gestalterische Mittel auf, die die Aussage und Wirkung des Gedichts unterstützen.

8. Setze das Gedicht „mitteilung an noah" (S. 39) in Beziehung zu der Abbildung daneben. Formuliere zusammenhängende Sätze. Arbeite im Heft.

Das kannst du jetzt! – Klassenarbeitstraining ☆

Interpretiere das Gedicht „Horizont" von Alfred Kolleritsch.
Zeige an ausgewählten Beispielen, wie durch Besonderheiten der Gestaltung Ambivalenz entsteht.
Erläutere, inwiefern das Gedicht eine typisch moderne Weltsicht enthält.

1. Analysiere die Aufgabenstellung im Hinblick auf gegebene Schwerpunkte und Gliederungshinweise. Kläre den Begriff „Ambivalenz".

2. Lies das Gedicht. Halte deinen ersten Eindruck fest, formuliere W-Fragen an den Text und fasse den Inhalt kurz zusammen. Leite eine Deutungshypothese ab. Arbeite im Heft.

Alfred Kolleritsch: Horizont (1986)

Dass es eine Schwelle ist,
ein Überschreiten, die Schwelle:
wirft es voraus, und es blickt zurück,
das Neue, dem Ende näher,
groß und ganz, eine Grenze.

In einer Bewegung, Dunkles und Trost,
und das Licht gibt die Trauer.
Worauf es fällt: es bleibt, die Dinge
reißen die Herzen auf, Abschied
zugleich, Gehen. Die Heiterkeit
rettet den Schrecken, der Sprung
hält die Zeit, die Zeit nichts.

Licht oder dunkle Wolken am Horizont

Linie, an der sich Himmel und Erde scheinbar berühren

keinen großen Horizont besitzen

seinen Horizont erweitern

etwas geht über den Horizont

Erfahrungen und geistige Fähigkeiten

sich am Horizont abzeichnen

3. Untersuche unter Nutzung der Vorgaben die Bedeutung des Begriffs „Horizont" und den Zusammenhang zwischen Titel und Gedicht. Notiere Stichpunkte. Arbeite im Heft.

Anton Thuswaldner: Der Dichter bleibt auf Distanz (Ausschnitt, 2001)

Alfred Kolleritsch ist aus dem Staunen nie herausgekommen. Im Februar dieses Jahres ist er siebzig Jahre alt geworden, aber die Welt sieht er jeden Tag an, als wäre sie gerade neu erschaffen worden. Was macht einer, dem alles, was anderen Menschen nie und nimmer ein Problem ist, weil sie sich sicher und souverän in der Welt bewegen, in der sie einen Ort gefunden haben, zum Rätsel geworden ist? Er fängt an nachzudenken, und über das Denken kommt er zum Schreiben. Und was er festhält, erklärt die Welt, die ihm so fremd ist, kein bisschen. So sitzt er am Ende vor Gedichten, die das Rätsel der Wirklichkeit, die er nicht und nicht zu benennen weiß, als ungeklärtes, unklärbares Geheimnis offenhalten. […]

4. Erläutere, wie sich die Einstellung des Autors zur Welt in dem Gedicht spiegelt und woran man das erkennt. Nutze den Auszug aus der Rezension von Anton Thuswaldner. Arbeite im Heft.

5. Analysiere das Gedicht sprachlich und formal, setze deine Ergebnisse in Beziehung zu Inhalt und Thema und verfasse deine Interpretation zu dem Gedicht „Horizont" von Alfred Kolleritsch. Achte dabei auf die Aufgabenstellung und auf passende Textbelege. Arbeite im Heft.

EXTRA: Üben – Sprachtraining

Rhetorische Figuren und sprachliche Mittel erkennen

1. Bestimme, um welche rhetorischen Figuren es sich bei den Textstellen aus dem Gedicht von Ulla Hahn (S. 34) handelt. Du kannst die Begriffserklärungen unten nutzen. Ergänze auch die jeweilige Funktion. Orientiere dich an dem Beispiel.

Textstelle	Rhetorische Figur	Funktion
„mit Haut und Haar" (U. Hahn: Mit Haut und Haar, S. 34, V. 14)	*Alliteration*	*klangliche Eingängigkeit*
„Ich … ich …" (U. Hahn: Mit Haut und Haar, S. 34, V. 1, 3)		
„ich leckte dir die Hand und Haut und Haare" (U. Hahn: Mit Haut und Haar, S. 34, V. 3)		
„mein und dein zu sein" (U. Hahn: Mit Haut und Haar, S. 34, V. 4)		
„Du … Du …" (U. Hahn: Mit Haut und Haar, S. 34, V. 5)		
„Da ließ ich von mir ab. Und schnell begann ich vor mir selbst zurückzuweichen" (U. Hahn: Mit Haut und Haar, S. 34, V. 7 f.)		
„Und schnell begann ich vor mir selbst zurückzuweichen und meinem Schwur" (U. Hahn: Mit Haut und Haar, S. 34, V. 7 ff.)		

Assonanz: Gleichklang mehrerer aufeinanderfolgender Wörter (häufig gleiche Vokale) in einer Verszeile

Alliteration: gleicher Anfangslaut von Wörtern in einer Verszeile

Inversion: Umstellung der regelmäßigen Wortfolge in Sätzen

Enjambement: Zeilensprung; Versende und Satzende stimmen nicht überein

Anapher: Wiederholung der Anfangswörter in aufeinanderfolgenden Sätzen oder Versen

Klimax: Steigerung der Bedeutung von drei oder mehr aufeinanderfolgenden Wörtern

2. Erläutere die Bedeutung der Redensarten in Ulla Hahns Gedicht „Mit Haut und Haar" (S. 34). Vervollständige die folgende Tabelle.

Textstelle	Redensart	Erläuterung
„mit Haut und Haar" (V. 14)	*mit Haut und Haar*	Ausdruck der Vollständigkeit völlig, ganz und gar
„ich leckte dir die Hand und Haut und Haare" (V. 3)	*die Wunden lecken*	
„branntest mir dein Zeichen" (V. 5)	*ein Zeichen einbrennen*	
„in das dünne Fell" (V. 6)	*Gegenteil: ein dickes Fell haben*	

3. Erläutere die Bildlichkeit der gegebenen Textstellen aus den Gedichten „Mit Haut und Haar" von Ulla Hahn und „Der Abschied" von Johann Wolfgang Goethe (S. 34). Orientiere dich an dem Beispiel.

a) „wendetest mich um" (U. Hahn: Mit Haut und Haar, S. 34, V. 5)

Mit dieser Metapher wird verdeutlicht, dass der Partner das lyrische Ich beeinflusst und einen anderen Menschen aus ihm gemacht hat.

b) „spucktest du mich aus" (U. Hahn: Mit Haut und Haar, S. 34, V. 14)

c) „Kalt der Kuss von deinem Munde, / Matt der Druck von deiner Hand." (J.W. Goethe: Der Abschied, S. 34, V. 7 f.)

d) „So erfreuet uns ein Veilchen, / Das man früh im März gepflückt." (J.W. Goethe: Der Abschied, S. 34, V. 1 f.)

e) „Doch ich pflücke nun kein Kränzchen, / Keine Rose mehr für dich." (J.W. Goethe: Der Abschied, S. 34, V. 13 f.)

f) „Frühling ist es, liebes Fränzchen, / Aber leider Herbst für mich!" (J.W. Goethe: Der Abschied, S. 34, V. 15 f.)

Eine textgebundene Erörterung verfassen

Schülerbuch S. 58 ■ Textgebundene Erörterung

Bei einer textgebundenen Erörterung sind die Fragestellung oder das Problem durch einen **Text vorgegeben**. Dieser Text wird zunächst **analysiert** und dann **erörtert**.
Lies die **Aufgabenstellung** genau und halte fest, welche Schwerpunkte sie setzt.
Nachdem du den **Inhalt** des Textes erschlossen, **Ziele** und **Absichten** erkannt und die **sprachliche Gestaltung** in ihrer **Funktion** untersucht hast, erstellst du eine **Stoffsammlung** mit **Pro- und Kontra-Argumenten** sowie einen **Schreibplan**.

In der **Einleitung** führst du zum Thema hin, weckst das Interesse der Lesenden und leitest zum Text über. Der **Hauptteil** besteht aus dem **analytischen Teil**, in dem du die Kernaussage, die Argumentation, die Absicht und die sprachliche Gestaltung des Textes zusammenfasst. Der zweite, **erörternde Teil** erfolgt nach dem **Sanduhr-** oder **Ping-Pong-Prinzip** (antithetische Erörterung) mit einer **eigenen Argumentation**, in der du die Position des Textes argumentativ bestätigst, ihr widersprichst oder einen Kompromiss findest.
Zum **Schluss** formulierst du ein **Resümee** und rundest die Erörterung ab (z. B. durch einen Bezug zur Einleitung oder einen Ausblick).
Schreibe **adressatenbezogen**, sachlich und im Präsens. Achte auf sprachliche Überleitungen und die korrekte Verwendung von Zitaten.

Kai Biermann: Anonymität ist ein Schutz, keine Gefahr (2011) (ZEIT ONLINE)

Manche Meinungen sind schwer erträglich, trotzdem müssen wir sie sagen und lesen dürfen – im Netz genauso wie auf der Straße. Anonymität beschränken zu wollen, ist falsch.

Innenminister Hans-Peter Friedrich[1] hat behauptet, in Deutschland werde in der demokratischen Auseinandersetzung stets „mit offenem Visier" gestritten, und forderte das in einem Interview auch für das Internet. Der CSU-Politiker ließ anschließend dementieren, er habe damit eine Ausweispflicht im Internet verlangt. Friedrich will seine Sätze lediglich als „Appell an die Zivilgesellschaft" verstanden wissen.
Aber was für ein Appell soll das sein, wenn nicht einer für weniger Anonymität?
Vergessen wir mal, dass Friedrich damit dem Netz unterstellt, undemokratisch zu sein – eben weil es Anonymität und Pseudonyme[2] zulässt. Wichtiger ist, dass der Innenminister Unrecht hat, wenn er sagt: „Normalerweise stehen Menschen mit ihrem Namen für etwas ein." Denn es gibt viele demokratische Prozesse, die ganz bewusst anonym sind. Wenn wir unsere Stimme abgeben, geschieht das beispielsweise geheim.
Die Identifizierung vor dem Wahlgang erfolgt nur, um sicherzustellen, dass niemand zwei Mal wählt. Die Wahl selbst ist anonym – damit wir bei ihr unbeeinflusst und frei sind.
Auch zu einer Demonstration müssen wir uns nicht mit dem Personalausweis anmelden, wir dürfen einfach hingehen und unsere Meinung auf Plakaten kundtun. Polizei und Innenminister haben sich hierzulande erkämpft, dass wir währenddessen unser Gesicht nicht verbergen dürfen, um im Zweifel mithilfe aufwändiger und gerne auch mal ergebnisloser Ermittlungen identifizierbar zu sein.

Schon das hat lange Debatten ausgelöst und ist bis heute umstritten. Denn Konzepte wie das „Vermummungsverbot“ führen dazu, dass Ängstliche Ihre Meinung vielleicht nicht sagen, und dazu, dass Harmlose verfolgt werden können, nur weil sie ein Halstuch im Rucksack haben.

Auch Artikel oder Bücher – traditionell wichtige Beiträge zu demokratischen Debatten – können hierzulande ganz selbstverständlich anonym veröffentlicht werden, ja sogar unter dem Namen „Anonyma“. Im Internet dagegen soll das alles nicht möglich sein dürfen, weil das Internet eine „ganz neue Herausforderung“ ist, wie Friedrich sagt?

Angenommen, das Netz ist wirklich eine solche Bedrohung – Verzeihung: Herausforderung für die Demokratie –, was würde Friedrichs Forderung bedeuten?

Mikrofone über den Stammtischen?

Der Technikjournalist Torsten Kleinz hat das in einer kurzen Geschichte skizziert: Er beschreibt darin eine Kneipe, die nur betreten darf, wer dem Türsteher seinen Ausweis zeigt, und er erzählt, welche Auswirkungen das haben könnte. Wobei Kleinz sogar noch etwas vergisst. Denn eigentlich bedeutet eine Ausweispflicht in diesem Gleichnis, dass über den Kneipentischen auch noch Mikrofone hängen müssten.

Würde Friedrichs Idee umgesetzt (technisch ist das dank des elektronischen Personalausweises kein Problem), würden viele Meinungen verschwinden, die heute noch offen und angesichts solcher Überwachungswünsche geradezu leichtfertig geäußert werden.

Wir müssen anonyme Kommentare nicht mögen, und sie sind in der Tat nicht immer leicht auszuhalten. Doch aushalten sollten wir sie. Denn sie bieten zwei unschätzbare Vorteile:

Auch die Ängstlichen, die Schwachen und die Zögerlichen trauen sich, unter dem Schutz der Anonymität ihre Meinung zu sagen. Dank des Schutzes der Anonymität können wir sehen, was Menschen wirklich denken.

Menschen ihrer Anonymität zu berauben, ist dagegen eine Waffe. Wer das kann, gewinnt Macht über sie und darum geht es selbstverständlich auch. In engen Grenzen wird dem demokratischen Staat diese Macht eingeräumt. Doch ist es nicht sinnvoll, diese Grenzen auszuweiten und die anonymen Räume noch weiter zu beschneiden.

Denn wir brauchen diese Räume, um unsere Gedanken zu entwickeln und zu sortieren. Wir brauchen sie, um uns unbeeinflusst und ungestört zu informieren, um uns eine Meinung überhaupt erst einmal bilden zu können und um sie ohne Angst zu sagen.

Dass Verbrecher wie Anders Breivik[3] diese Räume nutzen, um ihre kruden Ansichten zu verbreiten, müssen wir hinnehmen – es ist der Preis der Meinungsfreiheit.

Nicht nur im Internet. Auf der Straße schützt die Polizei rechtsradikale Demonstrationen genauso wie jede andere. Denn auch jene dürfen und sollen demonstrieren, deren Meinung vielen fremd und nicht jedem angenehm ist.

Friedrich selbst übrigens hat im gleichen Interview in einem anderen Zusammenhang etwas gesagt, das ihm als Handlungsempfehlung dienen kann: „Es gibt immer Abwehrreaktionen gegen das Fremde. Diese Abwehrreflexe müssen wir durch Prävention und Aufklärung in einen rationalen Diskussionsprozess überführen.“ Prima Vorschlag: Wir sollten weniger Abwehrreflexe zeigen, wenn es um das Internet geht. Stattdessen sollten wir mehr über seine Möglichkeiten aufklären und rationaler über seine Mechanismen diskutieren.

[1] H.-P. Friedrich: dt. Innenminister von 2011–2013
[2] Pseudonym: erfundener Name zur Verschleierung der Identität
[3] Breivik: rechtsextremistischer norweg. Terrorist, der 2011 zahlreiche Jugendliche eines Ferienlagers erschoss

Eine textgebundene Erörterung vorbereiten – die Textanalyse

1. Lies den Artikel von Kai Biermann (S. 44 f.) und ergänze in Stichworten die folgende Übersicht zum Textaufbau. Du kannst die entsprechenden Stellen im Text zunächst markieren. Orientiere dich an den Beispielen.

1. **Titel, Untertitel; Schluss (Titelzeile, Z. 1 f.; 56 ff.)** – Formuliere knapp Thema, Fragestellung und Kernaussage.

   Thema: ____________________

   Fragestellung: ____________________

   Kernaussage: ____________________

2. **Anlass und Argumentation (Z. 3–55)** – Gib den Anlass und den Argumentationsverlauf kurz wieder.

   ____

   ____

   Überleitung *(Z. 8–11):* ____________________

   Argument 1 *(Z. 11–25): Demokratische Prozesse*

   – Beleg / Beispiel 1: ____________________

   – Beleg / Beispiel 2: ____________________

   – Beleg / Beispiel 3: *Artikel oder Bücher*

   Überleitung *(Z. 26–29):* ____________________

   Argument 2 *(Z. 30–43):* ____________________

   ____

   Beispiel zur Veranschaulichung: *Kontrolle in Kneipe*

   ____

   Überleitung *(Z. 44–45):* ____________________

   Argument 3 / Folgerung *(Z. 44–50):* ____________________

   – Begründung: *Denn* ____________________

   Argument 4 *(Z. 51–55):* ____________________

   Beispiel 1: *Verbrecher Anders Breivik*

   Beispiel 2: ____________________

3. **Resümee (Z. 56–61)** – Gib das Resümee unter Rückbezug zum Argumentationsanlass mit eigenen Worten wieder.

   ____

   ____

   ____

2. Liste auffällige sprachliche Gestaltungsmittel auf, die die Wirkung des Artikels beeinflussen. Gib Textbeispiele an.

3. Kreuze an, welche der folgenden Aussagen zur sprachlichen Gestaltung am ehesten auf den Artikel von Kai Biermann zutrifft. Markiere anschließend in den Schülerbeispielen, was du besonders wichtig findest, und streiche durch, was unwichtig, ungenau oder falsch ist.

- [ ] *Der Autor wählt durchgängig eine sachliche Sprache, er verwendet gängige Fachbegriffe, begründet (häufig: „denn...", vgl. Z. 11, 21, 40, 48) und belegt seine Argumente durch Fakten (z. B. Anonymität bei Wahlen (Z. 12–15) und Demonstrationen (Z. 16–23) und durch veranschaulichende Beispiele (z. B. Kneipenbeispiel, Z. 30–35).*

- [ ] *Schon im Vorspann (Lead) signalisiert der Autor, dass er sich überlegen fühlt und seine Beurteilung für die einzig richtige hält („... müssen wir"...; „... ist falsch"). Dabei nutzt er auch das Mittel der Ironie (z. B. „... aber was für ein Appell soll das sein ...", Z. 8) vor allem am Schluss, wo er eine Aussage auf den Innenminister verdreht und ihn so lächerlich macht (Z. 56–60)*

- [ ] *In seiner sachlichen Argumentation geht der Autor aber recht unsachlich mit der Position des Innenministers um, wenn er z. B. formuliert, der Innenminister habe „behauptet"; habe „unterstellt", habe „Unrecht", spreche von einer „Bedrohung", obwohl der Minister nur von einer ganz neuen „Herausforderung" durch das Internet gesprochen hatte (vgl. Z. 26–29).*

4. Erläutere, welche Absicht des Verfassers sich aus deinen bisherigen Analyseergebnissen zu Argumentationsstruktur und Sprache erschließen lässt.

Eine textgebundene Erörterung vorbereiten – Stoffsammlung und Schreibplan

1. Ergänze die folgende Tabelle zum Artikel von Kai Biermann (S. 44 f.) durch eigene Pro- und Kontra-Argumente mit passenden Belegen und Beispielen. Nutze bei der Suche nach Argumenten W-Fragen (z. B. *Wer profitiert davon? Welche Motive haben die Beteiligten? Warum sollte …?*).

These: Anonymität ist …	… Schutz der Meinungsfreiheit.	… Gefahr für die Meinungsfreiheit.
Argumente + Belege/Beispiele im Text	Eigene Argumente (Pro) + Belege/Beispiele	Eigene Argumente (Kontra) + Belege/Beispiele
Viele demokratische Prozesse sind bewusst anonym: *– Wahlen anonym* *– keine Ausweispflicht bei Demonstrationen* *– anonyme Veröffentlichungen erlaubt*		
Ohne Anonymität Angst vor Meinungsäußerung → unklar, was Menschen denken *– Veranschaulichung: Kneipe mit Ausweispflicht und Mikrofon über den Tischen*		
„Raub" der Anonymität ist Waffe der Mächtigen, verhindert unbeeinflusste Meinungsbildung *– verbrecherische Ansichten (z. B. Breivik) sind Preis der Meinungsfreiheit* *– auch rechtsradikale Demonstrationen geschützt*		

2. Bewerte und strukturiere deine Argumente, indem du
- in der Tabelle farbig markierst, welche Argumente zusammengehören,
- die Überzeugungskraft deiner Argumente prüfst (streiche durch, was dir dafür weniger geeignet scheint),
- deine Argumente in eine sinnvolle Reihenfolge bringst und nummerierst.
  Ordne sie nach ihrer Wichtigkeit und Überzeugungskraft für die jeweilige Position (1 = sehr wichtig).

3. Überlege, welcher der beiden Positionen du zustimmen kannst: Ist Anonymität eher Schutz oder eher Gefahr für die Meinungsfreiheit? Schreibe deine These auf.

4. Entscheide dich für eine Gliederungsmöglichkeit (Sanduhr- oder Ping-Pong-Prinzip) und erstelle für deine Erörterung eine Gliederung. Arbeite im Heft.

Eine textgebundene Erörterung schreiben

1. Vergleiche die folgenden drei Einleitungen für eine textgebundene Erörterung zu dem Artikel von Kai Biermann (S. 44 f.) und kreuze an, welche dir am gelungensten erscheint. Mache dir am Rand Notizen zu Stärken und Schwächen.

Einleitung: *Hinführung zum Thema ... Interesse wecken (Bedeutung, Aktualität, Erfahrungen) ... Überleitung zum Text (TATT)*

☐ *Jeder kennt das: Nachrichten oder Kommentare zu strittigen Themen werden im Internet zunehmend zum Anlass für verletzende, beleidigende, rassistische, menschenverachtende Äußerungen genommen, wobei die Autoren in der Regel unter Fantasienamen schreiben und die Anonymität dazu missbrauchen, ohne Hemmungen sich in wüsten Beschimpfungen zu ergehen. In dieser Situation hat auch der damalige Innenminister Friedrich bereits 2011 gefordert, auch im Internet „mit offenem Visier" zu kämpfen.*

Kai Biermann nimmt in seinem Text „Meinungsfreiheit: Anonymität ist ein Schutz, keine Gefahr" die Position des Ministers zum Anlass, dagegenzuhalten und seine Auffassung zu begründen, dass Anonymität im Internet keine Gefahr, sondern ein Schutz für die freie Meinungsäußerung ist.

☐ *In seinem Text „Meinungsfreiheit: Anonymität ist ein Schutz, keine Gefahr", 2011 in DIE ZEIT erschienen, befasst sich Kai Biermann mit der Behauptung des damaligen Innenministers Friedrich, auch im Internet müsse, wie in der Demokratie üblich, „mit offenem Visier" gekämpft werden, statt sich feige und hinterhältig zu verstecken.*

☐ *In seinem Online-Artikel vom August 2011 befasst sich Kai Biermann mit der Forderung des Innenministers nach Klarnamen bei Meinungsäußerungen im Internet und verlangt, den Wert der Anonymität zu erkennen und gelassener mit den Möglichkeiten des Internets umzugehen.*

2. Schreibe selbst eine Einleitung für deine textgebundene Erörterung. Du kannst Teile der Schülerbeispiele verwenden. Arbeite im Heft.

3. Bringe die folgenden Auszüge aus dem Hauptteil einer Textanalyse im Rahmen der textgebundenen Erörterung in die richtige Reihenfolge, indem du sie nummerierst. Unterstreiche ungenaue Aussagen und notiere fehlende Aspekte am Rand.

Textanalyse: Problem ... Fragestellung ... Kernaussage ... Argumentation ... sprachliche Gestaltungsmittel ... Absicht

☐ Biermann versucht in ironischer Zuspitzung, Friedrich mit dessen eigenen Worten zu widerlegen und ihn damit lächerlich zu machen: Friedrich fordere, Abwehrreaktionen gegen das Fremde durch Prävention und Rationalität zu begegnen; fremd seien Friedrich, wie seine Abwehr der Anonymität im Internet gezeigt habe, aber offenbar die Mechanismen des Internets; auch hier helfe Rationalität und Aufklärung.

☐ Nicht die Anonymität, so argumentiert Biermann, sei eine Gefahr für die Demokratie, sondern umgekehrt: Die Aufhebung der Anonymität sei die Gefahr, die zu vermeiden sei, denn dadurch bekäme der Staat Macht über die Bürger, die sich weder unbeeinflusst informieren könnten noch frei und ohne Angst vor Sanktionen ihre Meinung äußern könnten. In einer Demokratie gebe es daher enge Grenzen für eine Beschneidung der Anonymität, wie sich etwa an dem umstrittenen Vermummungsgebot bei Demonstrationen zeige.

☐ Biermann überspitzt dabei die Aussage Friedrichs, das Internet sei eine ganz neue Herausforderung, indem er „Herausforderung" durch „Bedrohung" ersetzt und in einer kleinen Beispielgeschichte veranschaulicht, worin die Bedrohung tatsächlich zu sehen sei. Allerdings wirkt dabei das gewählte Beispiel, eine Kneipe mit Mikrofonen über den Tischen, etwas platt, denn dem Minister ging es in seinem Appell wohl kaum um Kneipengespräche.

☐ Biermann interpretiert die Aussage des Ministers, auch im Internet solle sich die Auseinandersetzung an demokratischen Gepflogenheiten orientieren, als Kritik an scheinbar undemokratischen Verhältnissen im Internet, nur weil es die Möglichkeit zulässt, sich auch anonym bzw. mit Pseudonym an Auseinandersetzungen zu beteiligen. Diese Auffassung, so urteilt Biermann in überheblich wirkender Weise, sei sachlich falsch, denn Demokratie zeichne sich geradezu dadurch aus, dass Menschen unbeeinflusst und ohne Angst ihre Meinung äußern können. Das zeige sich vor allem an anonymen Wahlen, aber auch an der Möglichkeit, an Demonstrationen teilzunehmen, ohne sich namentlich zu erkennen zu geben.

4. Verfasse selbst eine vollständige Textanalyse zu dem Artikel vom Kai Biermann (S. 44f.). Nutze deine Ergebnisse aus Aufgabe 3. Arbeite im Heft.

5. Prüfe die folgenden Überleitungen von der Analyse zur Erörterung des Textes. Markiere, was du für gelungen hältst, streiche durch, was nicht in eine solche Überleitung gehört, und notiere jeweils Stärken und Schwächen.

Erörterung des Textes: *Gliederungsprinzip ... Überzeugungskraft der Argumente ... Argumentationsstützen ... gedankliche Verknüpfungen*

Biermann wirft mit gewisser Schadenfreude dem Innenminister durch das Aufgreifen seiner eigenen Worte über Abwehrreaktionen gegenüber dem Fremden vor, er habe das Internet mit seinen Mechanismen nicht verstanden, aber diese ironische Wendung sollte nicht davon ablenken, ernsthaft der Frage nachzugehen, ob Anonymität tatsächlich nur als Schutz gesehen werden sollte oder nicht auch eine Gefahr darstellen kann.

Die Position des Autors ist eindeutig: Anonymität bei Meinungsäußerungen im Internet ist für ihn in einer Demokratie unverzichtbar. Dafür gibt es sicherlich gute Gründe, offen bleibt aber, ob diese Position angesichts der Entwicklungen der letzten Jahre – der Text stammt aus dem Jahr 2011 – unangefochten stehen bleiben kann.

Es hat sich viel verändert seit 2011: Bei Onlineberichten über strittige gesellschaftliche Fragen schalten Onlinemedien die Kommentarfunktion häufig aus, weil sie keine Plattform für Rassismus, Fremdenfeindlichkeit und Rassismus bieten wollen.
Die Frage bleibt also trotz der begründeten Position Biermanns von 2011 offen: Ist Anonymität im Internet nur ein Schutz oder auch eine Gefahr für die Meinungsfreiheit?

6. Formuliere selbst eine Überleitung von deiner eigenen Analyse zur Erörterung des Textes. Achte darauf, dass die Überleitung auch zu deiner Position passt, die du in der Erörterung vertreten willst. Arbeite im Heft.

7. Lies die folgenden Auszüge aus einer nach dem Ping-Pong-Prinzip aufgebauten Erörterung zum Artikel von Kai Biermann (S. 44 f.). Die Schülerin vertritt eine Gegenposition zum Argument Biermanns, viele Meinungen würden verschwinden, wenn es den Schutz durch Anonymität nicht gäbe (vgl. Z. 36 ff.).
- Kennzeichne mit verschiedenen Farben, welche Abschnitte zur Pro-Seite und welche zur Kontra-Seite gehören.
- Lege sowohl für die Pro- als auch für die Kontra-Seite eine Reihenfolge der jeweiligen Abschnitte fest und nummeriere sie entsprechend.
- Streiche durch, was dir überflüssig erscheint, und notiere mögliche Ergänzungen am Rand.

☐ *Natürlich schützt Anonymität bei Meinungsäußerungen im Internet davor, aus Angst lieber gar nichts zu sagen. Man fühlt sich frei, unbeobachtet von Menschen, die man gar nicht kennt und von denen man sich gar nicht beobachten lassen will.*

☐ *Angst vor freier Meinungsäußerung ohne den Schutz der Anonymität entsteht, wenn man sich daran gewöhnt hat und – noch besser – genügend Selbstbewusstsein entwickelt hat, doch letztlich nur dann, wenn man weiß oder zumindest vermutet, dass die eigene Äußerung gegen Gesetze verstößt, also beleidigend ist, rassistisch oder menschenverachtend.*

☐ *Schon bei Überwachungskameras in öffentlichen Gebäuden oder gar in Schulen verhalten sich viele nicht mehr ungezwungen und halten sich mit kritischen Äußerungen zurück, weil sie nicht wissen, wer sie hört oder wer ihre Äußerungen gegen sie verwendet.*

☐ *Die Erfahrungen der letzten Jahre zeigen, dass Anonymität immer mehr Menschen offenbar dazu verführt, alle Hemmungen des Anstands, der Toleranz, ja der Menschlichkeit zu verlieren und sich voller Hass und Verachtung gegen Andersdenkende, Anderslebende, Andersglaubende zu richten.*

☐ *So zeigt ja auch das Kneipenbeispiel, das Biermann anführt, dass es einen großen Unterschied macht, ob Menschen einem zuhören, die man kennt und denen man vertraut – hier wäre Anonymität geradezu hinderlich – oder ob man nicht weiß, wer die eigene Meinungsäußerung hört, ob sie so verstanden wird wie gemeint, ob sie missbraucht oder gar gegen einen gerichtet wird – da schützt Anonymität die freie Meinungsäußerung.*

☐ *Die Hemmungslosigkeit im Schutz der Anonymität in den letzten Jahren zeigt also durchaus, dass Anonymität eine Gefahr für die Meinungsfreiheit sein kann, weil angesichts der verbreiteten Hasskommentare sich kaum noch jemand beteiligen mag, der an einem fairen Meinungsaustausch sonst durchaus interessiert wäre.*

8. „Viele Meinungen würden verschwinden, wenn es den Schutz durch Anonymität nicht gäbe" (vgl. S. 45, Z. 36 ff.). Verfasse zu diesem Argument Biermanns selbst einen Erörterungsteil nach dem Ping-Pong-Prinzip. Achte dabei auch auf die gedanklichen Verknüpfungen. Arbeite im Heft.

9. Ordne die folgenden Schlusssätze einer Texterörterung zum Artikel von Kai Biermann (S. 44 f.) so, dass sich ein folgerichtiger Text ergibt. Nummeriere dazu die Sätze von 1–7. Markiere die Teile farbig, die du selbst für den Schluss deiner Texterörterung verwenden würdest, und notiere mögliche Ergänzungen am Rand.

Schluss: Resümee und Abrundung ... Kompromiss ... Bezug zur Einleitung ... Ausblick ... Aufforderung ... Vorschlag ...

☐ *Im Grunde ist der Streit, ob Anonymität im Internet Meinungsfreiheit schützt oder eine Gefahr für die Meinungsfreiheit darstellt, bedeutungslos.*

☐ *Wie gehen die Anbieter von Nachrichten und Kommentaren mit diesem Dilemma um?*

☐ *Denn die Forderung des damaligen Ministers, auch im Internet „mit offenem Visier" statt anonym zu streiten, ist ja durchaus ehrenvoll gemeint, aber weder umsetzbar noch kontrollierbar.*

☐ *Da man auch bei der Forderung nach Klarnamen statt Pseudonymen nie sicher sein kann, ob die gewählten Namen wirklich die „echten" Namen der Schreiber sind, wird es wenig nützen, eine Aufhebung der Anonymität im Internet zu fordern.*

☐ *Sie schalten bei strittigen Themen die Kommentarfunktion immer häufiger aus; das schränkt Meinungsfreiheit deutlich ein, ist aber heutzutage wohl unumgänglich.*

☐ *Andererseits ist es durchaus plausibel, dass Anonymität in vielen Fällen die Meinungsfreiheit schützt oder – wie bei demokratischen Wahlen – erst ermöglicht.*

☐ *Angesichts der heutigen Erfahrungen mit menschenverachtenden Kommentaren im Internet verhindert Anonymität oft aber auch die Bereitschaft zu einer fairen Auseinandersetzung.*

10. Schreibe eine vollständige Erörterung, die zu deiner Textanalyse des Artikels von Kai Biermann passt. Arbeite im Heft.

Das kannst du jetzt! – Klassenarbeitstraining

Fasse die wesentlichen Inhalte des folgenden Textes zusammen und äußere dich zu den Absichten der Autorin. Erörtere, ob die Kernaussage des Textes aus deiner Sicht richtig ist, und beziehe dabei eigene Erfahrungen ein.

nach Anetta Kahane: Hasskommentare – Im Internet tobt der Abwehrkampf gegen die Moderne (2015)

(Tagesspiegel online)

Anetta Kahane: Vorsitzdende der Amadeu-Antonio-Stiftung, die sich an der vom Justizminister gegründeten Arbeitsgruppe beteiligt, mit Facebook Strategien gegen Hasskommentare zu entwickeln.

Ohne Hass im Netz hätte es Pegida[1] nicht gegeben. Die digitale Zivilgesellschaft muss mit völlig neuen Strategien politischer Bildung dagegenhalten, sagt die Vorsitzende der Amadeu-Antonio-Stiftung.

Noch nie war so viel Hass unterwegs. Gegen Flüchtlinge und Einwanderer, gegen People of Color, gegen Schwule, auch gegen Behinderte, kurz: Der Hass im Netz richtet sich gegen die Idee der Emanzipation im Allgemeinen. Es ist, als wollten die Hasser einen Zustand wiederherstellen, wie er vor Jahrzehnten war.

Noch nie haben diskriminierte Gruppen so viele Rechte erkämpft wie seit dem Ende des Zweiten Weltkrieges. Denken wir nur an das Frauenbild der 1950er Jahre oder an den Umgang mit Homosexualität. Erinnern wir uns daran, welche Erleichterungen es seit damals für Behinderte gegeben hat. Der Umgang mit Migranten und People of Color[2] hat sich ebenfalls verändert.

Gewiss reicht das lange nicht, doch rassistische Grobheiten und Diskriminierungen sind öffentlich weitgehend geächtet. […]

Die Menschheit insgesamt kämpft um die Ausformung ihrer Rechte, um Bildung, Gesundheit und Partizipation und sehr viel mehr Menschen als jemals zuvor profitieren bereits von dieser Entwicklung. Damit jedoch kommen global, national oder regional nicht alle klar, besonders in den Ländern des weißen Wohlstands. Die Ausdifferenzierung von Minderheitenrechten scheint mit ihren eigenen Privilegien zu kollidieren. Und das erzeugt eine Menge Wut.

Es ist eine Art Abwehrkampf gegen die Moderne, innerhalb der Gesellschaften der weißen Industriestaaten und global. Die emanzipatorische Idee der Gleichwertigkeit, die immer mehr Gruppen einschließt, ist einer der entscheidenden Trigger[3] für die modernen Erscheinungsformen des Hasses, wie wir ihn in den sozialen Netzwerken finden.

Die Frage also, ob mehr Hass unterwegs ist, kann getrost mit Ja beantwortet werden und das liegt nicht allein am Medium Web 2.0 und seiner Dynamik. Es ist gewiss eine Binsenweisheit, doch sie wurde ausgiebig untersucht: Meist handelt es sich bei den aktiven Hassern im Netz um männliche Weiße, die Gruppe also, deren traditionelle Stellung und Einfluss besonders bedroht scheint. Das uralte Selbstverständnis der traditionellen und wohlhabenden weißen Gesellschaften, sich selbst als kreatürlich allen anderen überlegen zu sehen, wird nach und nach durch die Realität untergraben. Das erzeugt Abwehr, die psychologisch und politisch durchaus nachvollziehbar sein mag, doch aus der historischen Erfahrung eher ein Rückzugsgefecht darstellt.

Narzisstische Kränkungen, Aggressionen, Konkurrenzverhalten, Überlegenheitsfantasien, die daraus entstehen, finden in Internetforen und sozialen Netzwerken ein leicht zugängliches Ventil.

Der Hass auf Minderheiten muss politisch bekämpft, in seinem historischen Kontext verstanden

[1] Patriotische Europäer gegen die Islamisierung des Abendlandes: als rechtspopulistisch klassifizierte Organisation, seit Oktober 2014 aktiv

[2] Menschen, die in der Mehrheitsgesellschaft als nichtweiß angesehen werden

[3] auslösender Reiz

und psychologisch analysiert werden. Anders lassen sich angemessene Antworten kaum finden. Das Medium Web 2.0 hat unsere Kommunikation und Wahrnehmung revolutioniert. Bis dahin konsumierten wir Informationen und tauschten uns nur in einem kleinen Kreis darüber aus. Seit dem Web 2.0 kann jeder seine Meinung kundtun, sie verstärken, Gleichgesinnte sammeln, sie inspirieren und aktivieren oder sogar zu Gewalt ermutigen. Besonders leicht gelingt dies bei emotionsgeladenen Themen. Und Hass ist eine gewaltige Emotion. Die Abwehr gegen Minderheiten, gepaart mit der als Genderwahn bezeichneten Herablassung gegenüber Frauen birgt einen enormen Druck in sich.

Das hatte er bereits vor dem Web 2.0, doch seitdem konnte er sich in Kreisen Gleichdenkender steigern und erreicht eine breite Öffentlichkeit. Die Blasen, in denen sich Menschen im Web bewegen, suggerieren wiederum, dass alle so denken, und das gibt ihnen weiteren Auftrieb. Eine aggressive Sprache und die Eskalation durch Worte haben ihren Ort im Web 2.0, gehen aber auf die Offlinewelt über. Pegida ist ein typisches Beispiel dafür. Ohne die sozialen Netzwerke hätte es Pegida nicht gegeben. Die Menschen haben sich dort getroffen, ausgetauscht, radikalisiert, indem immer noch einer draufgesetzt wurde, und sind dann auf die Straße gegangen.

Auch in Zeiten, als Pegida nicht demonstrierte, war immer dort die Anzahl von Anschlägen und Überfällen besonders hoch, wo regional über die sozialen Medien gehetzt wurde. Politische Einstellung und Medium zusammen machen den Hass gefährlich. Es wäre also Unsinn, dem Medium allein die Gefährlichkeit zuzuschreiben und die gesellschaftspolitische Gesamtsituation außer Acht zu lassen.

Mit anderen Worten: Nicht Google und Facebook sind Schuld an der Entwicklung, sondern diejenigen, die den Hass auf die Straße tragen. Wenn also Politik und Gesellschaft beabsichtigen dagegenzuhalten, reicht es nicht, die NPD zu verbieten oder Hatespeech unterbinden zu wollen. Und nein, das Internet verschwindet nicht wieder, es bleibt und entwickelt sich. Die Erfindung und Entwicklung des Internets bedeutet nicht weniger Veränderung und Umbruch auf der Welt, als es die industrielle Revolution einst tat.

Diese Herausforderung muss verstanden und angenommen werden, denn sie beeinflusst alle Lebensbereiche. Dazu gehören auch die Bildung und die Fragen, in welcher Gesellschaft wir leben wollen, welche Werte wir teilen und verteidigen. […]

Nehmen wir ein Beispiel: Im Netz wird in zahllosen Unterseiten und Themenbereichen gegen Flüchtlinge gehetzt. In Foren tauchen gezielt Lügengeschichten über Straftaten auf, besonders abscheulich – Vergewaltigungen und Kindesmissbrauch. Um solcher verleumderischen Hetze entgegenzutreten, benötigen die User Techniken in kritischer Quellenanalyse, Diskussionsführung, Konflikt- und Kampagnenfähigkeit, Mobilisierung und Kenntnisse darüber, ob und wie im Falle strafrechtlich relevanter Inhalte juristische Instrumente eingesetzt werden können.

Die digitale Zivilgesellschaft ist neu und jung und beschäftigt sich noch nicht ansatzweise genug mit demokratischer Kultur und Minderheitenschutz im Netz. Wenn die großen Propagandaplattformen des Hasses weiterhin über ihre sozialen Medien unwidersprochen Aktivisten rekrutieren, Bedrohungsdruck erzeugen, Shitstorms anzetteln und Meinungsführerschaft suggerieren können und dabei technisch versiert, aktiv mit professioneller Ansprache vorgehen und uns dazu nichts anderes einfällt, als allein mit Verboten zu operieren, wird sich der Hass weiter ausbreiten. […]

1. Analysiere die Aufgabenstellung. Lies den Artikel mit Blick auf die Schwerpunktsetzung mehrmals.

2. Bereite die Textanalyse (Fragestellung, Kernaussage, Argumente und Gestaltungsmittel) sowie die Erörterung (eigene Position, Argumentation, Gliederungsprinzip) vor und erstelle einen Schreibplan. Arbeite im Heft.

3. Schreibe eine vollständige textgebundene Erörterung und überarbeite sie. Arbeite im Heft.

EXTRA: Üben – Sprachtraining

Stilistische Mittel in Sachtexten erkennen

1. Lies die folgenden Sätze aus dem Artikel von Kai Biermann (S. 44 f.). Ordne die markierten stilistischen Mittel den Erklärungen unten zu. Formuliere dann die Sätze so um, dass die sprachlichen Bilder aufgelöst werden, die Bedeutung aber bestehen bleibt. Orientiere dich an dem Beispiel.

a) Friedrich hat behauptet, in Deutschland werde in der demokratischen Auseinandersetzung stets „mit offenem Visier" gestritten. (Vgl. Z. 3 f.) ⟶ *Erklärung A*

Friedrich hat behauptet, in Deutschland werde in der demokratischen Auseinandersetzung stets ehrlich, offen und anständig gestritten.

b) Der CSU-Politiker ließ anschließend dementieren, er habe damit eine Ausweispflicht im Internet verlangt. (Vgl. Z. 5 f.)

c) Friedrich will seine Sätze lediglich als „Appell an die Zivilgesellschaft" verstanden wissen. (Vgl. Z. 6 f.)

d) Menschen ihrer Anonymität zu berauben, ist dagegen eine Waffe. Wer das kann, gewinnt Macht über sie … (Vgl. Z. 44 f.)

e) … es ist der Preis der Meinungsfreiheit. (Vgl. Z. 52)

f) Diese Abwehrreflexe müssen wir durch Prävention und Aufklärung in einen rationalen Diskussionsprozess überführen. (Vgl. Z. 58 f.)

A **Sprachliches Bild:** Redewendung bezieht sich darauf, dass der Gerüstete bei geschlossenem Gesichtsschutz nicht zu identifizieren war, während das offene Visier Ehrlichkeit, Offenheit und Anständigkeit des Gerüsteten übermittele.

B **Sprachliches Bild – Metapher:** Ein Preis muss für eine erstrebenswerte Sache (leider) oft gezahlt werden.

C **Sprachliches Bild:** Die Abwehrreaktion kann nicht (bewusst) kontrolliert werden.

D

Wortfigur – Hyperbel: Übertreibung, um die Aussage ad absurdum zu führen; mit dem Vorzeigen des Ausweises gibt der Ausweisträger nicht nur seinen Namen preis, sondern auch andere wichtige Daten seiner Person, z. B. Wohnort und Alter.

E

Sprachliches Bild: Äußerung, durch die die Öffentlichkeit gemahnt, auf etwas Negatives aufmerksam gemacht oder zu etwas aufgefordert werden soll

F

Sprachliche Bilder zur Entlarvung und Bewertung eines bestimmten Verhaltens – Metapher: Anonymität nicht zulassen = Raub = Verbrechen;
Vergleich: Raub gleicht einer Waffe, mit der man Macht über Menschen erlangen kann.

2. **Lies die folgenden Sätze aus dem Artikel von Kai Biermann (S. 44 f.). Bestimme und erläutere die markierten stilistischen Mittel. Arbeite im Heft.**

a) Aber was für ein Appell soll das sein, wenn nicht einer für weniger Anonymität?(Vgl. Z. 8)

b) … um im Zweifel mit Hilfe aufwändiger und gerne auch mal ergebnisloser Ermittlungen identifizierbar zu sein. (Vgl. Z. 18 ff.)

c) Angenommen, das Netz ist wirklich eine solche Bedrohung – Verzeihung: Herausforderung für die Demokratie –, … (Vgl. Z. 28 f.)

d) Wir müssen anonyme Kommentare nicht mögen … Doch aushalten sollten wir sie. (Vgl. Z. 39 f.)

e) … Prima Vorschlag: … (Vgl. Z. 59)

3. **Forme die folgenden Sätze aus dem Artikel von Kai Biermann (S. 44 f.) zu rhetorischen Fragen um. Orientiere dich an dem Beispiel.**

a) Die Wahl selbst ist anonym – damit wir bei ihr unbeeinflusst und frei sind. (Vgl. Z. 15)

→ *Ist nicht die Wahl selbst anonym – damit wir bei ihr unbeeinflusst und frei sind?*

b) [Es] würden viele Meinungen verschwinden, die heute noch offen … geäußert werden. (Vgl. Z. 37 f.)

→ ______________________________

c) Dank des Schutzes der Anonymität können wir sehen, was Menschen wirklich denken. (Vgl. Z. 42 f.)

→ ______________________________

d) Denn wir brauchen diese Räume, um unsere Gedanken zu entwickeln und zu sortieren. (Vgl. Z. 48)

→ ______________________________

e) Denn auch jene dürfen und sollen demonstrieren, deren Meinung vielen fremd und nicht jedem angenehm ist. (Vgl. Z. 54 f.)

→ ______________________________

Ein Thema antithetisch erörtern

Schülerbuch S. 252 f. ■ **Antithetische Erörterung**

In einer **antithetischen Erörterung** setzt du dich mit einem **strittigen Thema** auseinander, indem du **Pro-** und **Kontra-Argumente** sammelst und abwägst, sie durch **Belege** und **Beispiele** stützt und begründet eine **eigene Position** zum Thema entwickelst. Die Aufgabenstellung kann eine Frage oder eine Behauptung enthalten.
Die Position, die du selbst vertrittst, ist die **These**, die Gegenposition heißt **Gegenthese**.

In der **Einleitung** führst du zum Thema hin, weckst **Interesse** (Erläuterung der Bedeutung, Aktualität, …), und klärst **wichtige Begriffe**.
Der **Hauptteil** besteht aus einer gegliederten vollständigen **Argumentation** (Argumente mit Argumentationsstützen) und sinnvollen gedanklichen **Verknüpfungen**.

Gliederung nach dem **Sanduhr-Prinzip**:	Gliederung nach dem **Ping-Pong-Prinzip**:
stärkstes Argument für die Gegenthese → … → schwächstes Argument für die Gegenthese → Überleitung von der Gegenthese zur These (**Drehpunkt**) → schwächstes Argument für die These → … → stärkstes Argument für die These	steigende Anordnung der Argumente: 1. Kontra-Argument → 1. Pro-Argument → 2. Kontra-Argument → 2. Pro-Argument → 3. Kontra-Argument → 3. Pro-Argument …

Mit dem **Schlussteil** rundest du die Erörterung ab und gibst ein **Resümee** (z. B. Verdeutlichung der eigenen Position, Vorschlag eines Kompromisses, Bezug zur Einleitung und Entwicklung neuer Perspektiven).
Schreibe **sachlich** und im Präsens.

Themenbeispiele für antithetische Erörterungen

a) Handyverbot in Schulen!

b) Sollte für alle Schüler in den Klassen 9 oder 10 ein internationaler Schüleraustausch verpflichtend sein?

c) Die Vorbereitung auf die Berufswelt sollte praxisorientierter sein.

d) Mit 16 wählen bei Kommunal- und Landtagswahlen?

e) Autoführerschein mit 16!

1. Formuliere zu drei der oben genannten Erörterungsthemen deine These und die Gegenthese. Orientiere dich an dem Beispiel.

*Mehr Angebote für Jugendliche in unserer Stadt? – **These:** Es sollte mehr Angebote für Jugendliche in unserer Stadt geben. – **Gegenthese:** Es gibt genügend Angebote für Jugendliche in unserer Stadt.*

2. Unterstreiche in den folgenden Sätzen zum Thema „Autoführerschein mit 16!“ Behauptung, Argumente sowie Belege bzw. Beispiele mit drei verschiedenen Farben.

(...) Die meisten Jugendlichen sind mit 16 Jahren durchaus in der Lage, Gefahren einzuschätzen und verantwortungsvoll mit „technischen Kraftpaketen“, wie es nun einmal PKWs sind, umzugehen. Bei uns dürfen in manchen Bundesländern immerhin schon Jugendliche mit 17 begleitet Auto fahren, ohne dass statistisch von einer Unfallhäufung bei 17-Jährigen geredet werden kann. In manchen Ländern dürfen Jugendliche sogar schon mit 15 Auto fahren, in vielen Bundesstaaten der USA bereits ab 16. Nichts spricht dafür, dass Jugendliche bei uns weniger verantwortungsvoll sind als in den USA. Und der Verkehr ist in den USA, zumindest in den Städten, sicherlich nicht weniger dicht und gefährlich. (...)

Eine antithetische Erörterung vorbereiten

1. Für eine überzeugende Erörterung benötigst du Sachkenntnis. Informiere dich anhand des folgenden Materials und durch eigene Recherche im Internet über das Thema „Mit 16 wählen?“.

nach Stefanie Gerressen: Thüringen – Sollen Jugendliche ab dem 16. Lebensjahr wählen dürfen? (2015) (MDR Info)

Es ist leider wahr: Immer weniger Menschen zieht es an die Wahlurnen. Bundesweit sinkt die Wahlbeteiligung. Mancherorts will man deshalb 16- und 17-Jährigen das Wahlrecht einräumen. In Thüringen will das Parlament in der kommenden Woche über ein entsprechendes Gesetz zur Senkung des Wahlalters bei Kommunalwahlen abstimmen.
[…] Matthias Hey ist Fraktionsvorsitzender der SPD, er sagt: „Wir können auf der einen Seite nicht immer nur beklagen, dass immer weniger Leute zur Wahl gehen, und auf der anderen Seite ganz bewusst 16- oder 17-Jährige, die aus meiner Sicht durchaus schon bereit sind, an gesellschaftlichen Prozessen auch gedanklich teilzunehmen, einfach ausschließen.“ […] CDU-Fraktionschef Mike Mohring sagt dazu: „Wir stehen einem Wahlrecht für Minderjährige skeptisch gegenüber. Wir berufen uns da auf Umfragen, die Ende März veröffentlicht wurden. Diese Umfragen zeigen, dass 62 Prozent der Thüringer gegen ein solches Wahlrecht sind.“ […] Grünen-Fraktionsvorsitzender Dirk Adams […] sagt: „Wir Grüne argumentieren hier sehr klar: Das sind Bürger dieses Landes. Sie sind von den Entscheidungen, die auf kommunaler Eben und auf Landesebene getroffen werden, viel länger betroffen. Deshalb müssen sie auch hier mitreden können.“ Das sieht auch die Linke so. Es sei widersinnig, wenn man Jugendliche für mündig halte, sich strafrechtlich zu verantworten, Alkohol zu trinken oder einen Führerschein zu machen, ihnen die Teilhabe an Meinungsbildungsprozessen aber verwehre, heißt es in der Fraktion. […]

2. Markiere in dem Text von Stefanie Gerressen (S. 59) und in deinen eigenen Rechercheergebnissen, welche Informationen als Argumente oder Belege brauchbar sind, und ergänze in Stichworten weitere Argumente und Belege für beide Seiten.

3. Gegeben ist die These „Das Wahlalter sollte nicht auf 16 Jahre gesenkt werden."
Markiere in der folgenden ungeordneten Stoffsammlung farbig, welche Aspekte, Belege, Beispiele zusammengehören, und notiere, welche zentralen Pro-Argumente sich aus der Stoffsammlung ergeben.

Mit 16 noch nicht reif genug – noch kein Interesse an Politik – wollen nur Spaß – verstehen Unterschiede der Parteien noch nicht – wählen nach Aussehen – dürfen mit 16 vieles noch nicht – noch keine Lebenserfahrung – vormittags Schule, nachmittags meist nur Computer oder Sport – Zufallsmeinungen vom Hörensagen – Test in einer 10. Klasse: Nur 10 wussten, was Abkürzungen SPD, CDU, FDP usw. bedeuten – Mehrheit informiert sich nicht regelmäßig in Medien – eingeschränkte Urteilsfähigkeit – Schulen sorgen zu wenig für fundierte Meinungsbildung. – interessieren sich nur für das, was sie selbst betrifft – Interessen: z. B. Jugendzentrum ausbauen? Nachtbusse in nächste Stadt? – verfälschen durch einseitige Interessen Wahlergebnis – Die meisten lesen mit 16 keine Tageszeitung, sehen keine Nachrichtensendungen. – können einschätzen, was in ihrem Dorf politisch läuft, Bundesland jedoch nicht im Blick – zu begrenzter Horizont – fühlen sich noch nicht für das große Ganze verantwortlich – Wofür interessieren sich Jugendliche mit 16 schon?

4. Nummeriere die Argumente (Aufgabe 3) nach ihrem Gewicht (1 = sehr wichtig) und streiche in der Stoffsammlung oben durch, was dir für die Stützung der Argumente oder zur Verstärkung der Überzeugungskraft unbrauchbar erscheint.

5. Notiere deine eigene These zum Thema „Mit 16 wählen?" und erstelle eine Gliederung nach dem Sanduhr- oder nach dem Ping-Pong-Prinzip. Arbeite im Heft.

Eine antithetische Erörterung schreiben

1. Vergleiche die Einleitungen für eine antithetische Erörterung in Aufgabe 2. Entscheide, welche Einleitung dir am gelungensten erscheint, und begründe.

> ***Einleitung:*** *Hinführung zum Thema … Interesse wecken (Bedeutung, Aktualität, Strittigkeit des Themas) … Klärung wichtiger Begriffe …*

2. Notiere am Rand, was in den Einleitungen ergänzt oder verbessert werden könnte. Streiche durch, was du für unnötig hältst.

A *Die Beteiligung an den Wahlen in den Gemeinden und Städten wie auch auf Bundesebene geht zurück; da ist es nicht verwunderlich, dass Politiker in den Bundesländern das Wahlrecht zugunsten von Jugendlichen ab 16 geändert haben oder darüber diskutieren, es in Zukunft zu ändern, damit die Zahl der Wahlberechtigten steigt und natürlich das Interesse von Jugendlichen an aktiver Beteiligung zunimmt. Allerdings ist durchaus strittig, ob das sinnvoll ist.*

B *Zunächst einmal ist es wichtig, darauf hinzuweisen, dass es bei der Streitfrage zum Wahlalter nur um das aktive Wahlrecht geht und nicht um das passive, also das Recht, selbst zur Wahl zu kandidieren. Das mindert die Brisanz der Fragestellung erheblich.*

C *Die Frage „Wählen mit 16?" ist nicht so leicht zu beantworten. Unterschiedliche Interessen kollidieren bei der Frage nach der Herabsetzung des Wahlalters: Das Interesse von Jugendlichen, mitzubestimmen, was sie selbst betrifft, und das Desinteresse von vielen Jugendlichen an allem, was mit Politik zu tun hat; und auf der anderen Seite das Interesse der Politik, Jugendliche frühzeitig einzubinden, und zugleich die Sorge, dass Jugendliche mit 16 noch nicht reif genug sind, Wahlentscheidungen zu treffen.*

3. Formuliere ausgehend von deiner These (S. 60, Aufgabe 5) eine eigene Einleitung. Arbeite im Heft.

4. Prüfe die folgenden Überleitungen von der Einleitung zum ersten Argument des Hauptteils.
- Trage in das Kästchen ein, welche Überleitungen sich für einen Hauptteil nach dem Ping-Pong-Prinzip (P) und welche sich für einen Hauptteil nach dem Sanduhrprinzip (S) eignen.
- Wähle eine für deine Erörterung geeignete Variante aus und nutze sie, um deine eigene Überleitung zu schreiben. Achte dabei auf dein gewähltes Gliederungsprinzip und deine Einleitung. Arbeite im Heft.

☐ *Gegen eine Herabsetzung des Wahlalters auf 16 Jahre spricht vor allem …*

☐ *Für eine Herabsetzung des Wahlalters engagieren sich vor allem linke Parteien und die Grünen; das kann durchaus hellhörig machen, denn Jugendliche wählen, wie Umfragen zeigen, eher gerade diese Parteien, die sich dann also bessere Ergebnisse erwarten dürften. Dagegen lässt sich allerdings …*

☐ *Natürlich sprechen die Zahlen zum politischen Interesse Jugendlicher – z. B. in den Shell-Jugendstudien – nicht unbedingt dafür, Jugendliche schon mit 16 wählen zu lassen, aber andererseits kann doch ein Wahlrecht durchaus Interesse an politischen Fragen fördern …*

☐ *Für ein generelles Wahlrecht ab 16 spricht vor allem, dass damit Jugendliche endlich ernst genommen werden; viele z. B. steigen in diesem Alter in den Beruf ein, zahlen oft bereits Steuern, dürfen schon vieles, was auch Erwachsenen gesetzlich erlaubt ist.*

5. Verfasse den Hauptteil deiner antithetischen Erörterung zum Thema „Mit 16 wählen?“. Arbeite im Heft.

Hauptteil: gegliederte vollständige Argumentation (Argumente + Argumentationsstützen) … gedankliche Verknüpfungen … Sanduhr- oder Ping-Pong-Prinzip …

6. Entscheide mit Blick auf deinen Hauptteil, welche Aspekte du in deinem Schlussteil berücksichtigen möchtest, und notiere Stichpunkte.

Schluss: Abrundung/Resümee: eigene Position verdeutlichen … Kompromiss vorschlagen … Bezug zur Einleitung … neue Perspektive (Aufforderung, Wunsch …)

7. Verfasse den Schluss für deine Erörterung. Arbeite im Heft.

8. Überarbeite deine antithetische Erörterung. Achte auch auf Rechtschreibung und Zeichensetzung. Du kannst ein Wörterbuch benutzen.

Das kannst du jetzt! – Klassenarbeitstraining ☆

Generelles Handyverbot an Schulen – ja oder nein?

Erörtere die Frage, ob an Schulen ein generelles Handyverbot herrschen sollte. Beziehe eigene Erfahrungen in geeigneter Weise ein.

1. Analysiere die Aufgabenstellung und notiere in Stichworten, welche Aspekte der Themenstellung beachtet werden müssen.

____

____

____

2. Sammle mithilfe weiterführender W-Fragen Argumente und Belege für die Pro- und Kontra-Seite. Du kannst auch die folgende Stoffsammlung nutzen. Markiere mit verschiedenen Farben wichtige Argumente und Belege für die Pro- und für die Kontraseite und streiche durch, was dir ungeeignet oder nicht haltbar erscheint. Arbeite im Heft.

im Unterricht SMS, surfen, chatten, filmen, fotografieren – Ablenkung – Eltern wollen oft, dass Kinder Handys dabei haben. – auf Klassenfahrten und Ausflügen Handy – Sucht: halten es z. T. ohne Handy nicht aus – pauschales Verbot unrealistisch – auf Einsicht setzen – ohne Verbote und Regeln geht es nicht – Begründungen wichtig – Schüler müssen vernünftigen Umgang lernen. – Auseinandersetzung mit Risiken des Internets nötig – im Leben Handys ja auch erlaubt – klingelndes oder vibrierendes Smartphone stört immer – Spiele und Musik lenken ab – bei Klassenarbeiten, z. B. beim Toilettengang, zum Betrug nutzbar – in Pausen verhindern Handys reale Beziehungen – ermöglichen schnellen Kontakt mit Eltern, besonders bei längeren Schulwegen – klare Regeln nötig – britische Forscher: Handyverbot an Schulen kommt Leistungen, besonders bei Schwachen, zugute – ohne Smartphone: Testergebnisse von 16-Jährigen durchschnittlich um 6,41 Prozent besser – Ursache oft öde Unterrichtsstunden – ohne Smartphone schnell Außenseiter – ohne Handys weniger digitales Mobbing, digitale Randale – soziale Netzwerke in Unterricht integrieren – viele Eltern rufen in Pausen an: vergessene Sachen, Termine usw. – über Rechte aufklären, z. B. Rechte am Bild – generelles Handyverbot juristisch nicht möglich, lässt sich aus Aufgaben der Schule nicht begründen – Mitnahme von Handys bei Prüfungen: Täuschungsversuch – Lehrer darf Inhalt von Handys nicht selbst prüfen (Privatsphäre)

3. Formuliere deine These und entwirf eine Gliederung nach dem Sanduhr- oder nach dem Ping-Pong-Prinzip. Erstelle einen Schreibplan mit Stichpunkten zu Einleitung, Hauptteil und Schluss. Arbeite im Heft.

4. Schreibe eine vollständige antithetische Erörterung zum gestellten Thema. Arbeite im Heft.

EXTRA: Üben – Sprachtraining

Argumente im Text sinnvoll miteinander verknüpfen

1. Verknüpfe die folgenden Pro-Argumente zum Thema „Wahlrecht mit 16?“ in einem zusammenhängenden Text. Du kannst die Formulierungshilfen im gelben Kasten nutzen. Orientiere dich an dem Beispiel. Arbeite im Heft.

> Die Befürworter sind davon überzeugt, dass …; Ich stimme … zu, denn …; Außerdem kann zugunsten … angeführt werden; Weiterhin kann der Fakt … als Argument für … angeführt werden; Darüber hinaus lässt sich als Pro-Argument ins Feld führen, dass …; Ein weiteres Argument für … ergibt sich aus …; Dafür … spricht schließlich auch …; Zudem ist unbestritten, dass …; Schließlich …

a) 16-Jährige haben schon die nötige persönliche Reife sowie das politische Wissen und Interesse, um eine Wahlentscheidung treffen zu können.

Die Befürworter der Absenkung des Wahlalters sind grundsätzlich davon überzeugt, dass 16-Jährige schon die nötige persönliche Reife sowie das politische Wissen und Interesse haben, um eine Wahlentscheidung treffen zu können.

b) Es gibt keine Belege dafür, dass 18-Jährige eine größere politische Reife besäßen.

Ich stimme dieser Meinung zu, denn …

c) Durch das Wahlrecht würden die Jugendlichen nun ein echtes Mitbestimmungsrecht erhalten und so ihre Zukunft selbst mitgestalten können. Ohne die Absenkung des Wahlalters müssen Jugendliche in ihrem Erwachsenenleben die Konsequenzen von Entscheidungen tragen, an denen sie nicht teilhaben konnten.

d) Die demografische Entwicklung in Deutschland spricht für ein niedrigeres Wahlalter. Dadurch, dass unsere Gesellschaft im Durchschnitt immer älter wird, verlagern sich Entscheidungen über die Zukunft unserer Gesellschaft verstärkt auf ältere Menschen. Insofern kann die Absenkung des Wahlalters als eine Gegenmaßnahme zu dieser Entwicklung gewertet werden.

e) Jugendliche in der Ausbildung müssen bereits Steuern zahlen und sollten deshalb auch mitentscheiden können, was mit dem Geld passiert.

f) Die Absenkung des Wahlalters könnte auch ein Weg sein, die Politikverdrossenheit Jugendlicher aufzuhalten.

2. Lies den folgenden Text mit Gegenargumenten zur Senkung des Wahlalters. Markiere die sprachlichen Mittel, die eine Verknüpfung der Argumente realisieren.

> *Die Gegner der Absenkung des Wahlalters sind davon überzeugt, dass Jugendliche nicht über jenes Ausmaß an Einsichtigkeit und Verantwortungsbewusstsein verfügen, das für eine Wahlentscheidung notwendig ist. Überdies sind Jugendliche leichter zu manipulieren und können von anderen, wie Eltern oder*

Altersgenossen, in ihrer Wahlentscheidung leicht beeinflusst werden. Entschieden gegen eine Absenkung des Wahlrechtes spricht die Tatsache, dass die Schule die Jugendlichen bisher völlig unzulänglich auf eine Wahl vorbereitet und die Lehrpläne nicht darauf abgestimmt sind. Dass es Jugendlichen somit an politischem Basiswissen mangle, wird ebenfalls als schwerwiegendes Argument gegen ein früheres Wahlalter vorgebracht. Besonders problematisch sei dabei, dass Jugendliche deshalb vermehrt zu Extrempositionen neigen und eher für Parteien mit extremen oder populistischen Positionen stimmen würden, was zu einer Radikalisierung des politischen Systems führen könne. Zu beachten ist aber vor allem auch, dass man Jugendlichen mit der Volljährigkeit normalerweise sowohl Bürgerrechte als auch Bürgerpflichten überträgt. Mit der Senkung des Wahlalters würde das Wahlrecht nicht mehr mit entsprechenden Pflichten korrespondieren. Minderjährige dürften dann zwar schon wählen, seien aber z. B. noch nicht voll strafmündig. Ein spezieller, aber sehr gewichtiger Kritikpunkt bezieht sich auf die Herabsetzung des Wahlalters ausschließlich auf kommunaler Ebene. Dadurch könne der Eindruck entstehen, dass es sich bei der Kommunalwahl um eine Wahl minderer Qualität und Bedeutung handele.

3. Verknüpfe die folgenden Pro- und Kontra-Argumente zum Thema „Wahlrecht mit 16 auch auf der Bundesebene?" in einem zusammenhängenden Text. Du kannst die Formulierungshilfen im gelben Kasten nutzen. Arbeite im Heft.

Auf der einen Seite – auf der anderen Seite; Befürworter/Gegner führen an, dass … – Diese Vorwürfe lassen sich allerdings entkräften, denn …; Als Gegenargument wird angeführt, dass …; Das stimmt zwar, aber es handelt sich bei diesem Argument um …; Allerdings ist das nicht unumstritten: Manche sehen gerade darin die Gefahr … / befürchten …; Diesem Standpunkt ist zu widersprechen: …; Man kann es drehen, wie man will: …

a) Jugendliche machen mit 17 Jahren das Abitur, entscheiden sich nach der 10. Klasse für eine Lehre, gehören womöglich schon vor der gesetzlichen Volljährigkeit zur arbeitenden Bevölkerung, zahlen Steuern, aber man verwehrt ihnen das Recht, durch Wahlen Einfluss auf politische Entscheidungen zu nehmen.

b) Jungen Wählern mangelt es an demokratischem Basiswissen und politischem Interesse. Die Folgen wären demnach das Sinken der Wahlbeteiligung oder gar die Stärkung extremistischer Parteien. Jugendliche sind in ihrer Meinung noch nicht gefestigt und darum leichter manipulierbar.

c) Es gibt keine Belege, dass 16-Jährige über politische Prozesse schlechter informiert sind als 18-Jährige. Außerdem könnten die Jugendlichen durch gezielte Informationsprogramme an Schulen auf die Wahlen vorbereitet werden. Dadurch würde das politische Interesse, das schon durch das Wahlrecht selbst gestärkt würde, weiter ausgebaut.

d) Die 16- bis 18-Jährigen hätten mit weniger als drei Prozent der wahlberechtigten Bevölkerung sowieso keinen ausschlaggebenden Einfluss auf das Wahlergebnis.

e) Es handelt sich bei diesem Argument um einen rein formalen Aspekt. Die Diskussion ist jedoch politisch zu führen. Eine Auswirkung der Senkung des Wahlalters auf Bundesebene wäre zum Beispiel, dass momentan oft unbeachtete Themen wie Jugendarbeitslosigkeit oder Kinderarmut in den öffentlichen Fokus gerückt würden.

f) Demokratie bedeutet Mitbestimmung. Und diese sollte Jugendlichen auch auf Bundesebene schon ab 16 Jahren gewährt werden. Übrigens: Schon die UN-Kinderrechtskonvention sichert Kindern und Jugendlichen ein politisches Mitbestimmungsrecht zu. Deutschland hat diese Konvention 1992 unterzeichnet und sollte sich nun auch daran halten.

Materialgestütztes Schreiben

Materialgestütztes Schreiben eines informierenden Textes

Schülerbuch S. 23 ■ Informierender Text

Durch das materialgestützte Schreiben eines informierenden Textes soll ein **bestimmter Adressatenkreis** über ein Thema genau, sachlich richtig und strukturiert informiert werden.
Analysiere zuerst die **Aufgabenstellung**, indem du Thema, Teilthemen, die Anforderungen an den Text (Ziel, Merkmale der Textsorte) klärst und auf den/die Adressaten achtest (Vorwissen, Erwartungen; Anrede, Sprachstil). Wähle und werte **Materialien** aus und ergänze **eigenes Wissen** zum Thema.
Ordne alle **Informationen**, bevor du einen **Schreibplan** erstellst. In der **Einleitung** solltest du einen interessanten Einstieg finden, du nennst das Thema und eventuelle Teilthemen. Im **Hauptteil** stellst du die Informationen übersichtlich und verständlich dar. Verweise dabei auf das genutzte Material und zitiere korrekt. Zum **Schluss** gibst du eine Zusammenfassung. Du kannst deinen Text mit Bezug auf die Einleitung, einem Zitat oder einem Ausblick beenden. **Überarbeite** deinen informierenden Text, indem du die sachliche und sprachliche Korrektheit und die logische Struktur (roter Faden) überprüfst.

Einen informierenden Text vorbereiten und planen

1. Bestimme das Thema der Abbildung. Formuliere die Aussage als sachliche Information.

____

____

____

____

2. Analysiere die folgende Aufgabenstellung (S. 67, oben) und kläre, welche inhaltlichen und formalen Anforderungen sie beinhaltet.
- Unterstreiche das Thema sowie die vorgegebenen inhaltlichen Schwerpunkte.
- Überlege, welches Vorwissen du bei der Zielgruppe deines Beitrags erwartest und welche Merkmale informierende Textsorten aufweisen.

Deine Klasse nimmt an einem Projekt der regionalen Tageszeitung teil. Gestaltet werden soll eine Jugendseite zum Thema „Erwachsenwerden".

Schreibe für die Jugendseite der Zeitung einen informierenden Text. Informiere in dem Beitrag über auffällige Veränderungen von Jugendlichen in der Pubertät und die Ursachen sowie über Auswirkungen auf das soziale Leben der Heranwachsenden.

3. Kreuze an, welche der folgenden Überschriften dir für deinen Beitrag geeignet scheinen, und begründe.

- Die zweite Trotzphase ☐
- Jugendliche in der Pubertät ☐
- Rituale auf dem Weg in die Erwachsenenwelt ☐
- Adoleszenz[1] – ein Ausnahmezustand ☐
- Das Alter der „Null-Bock-Stimmung" ☐

[1] Adoleszenz: Übergangsstadium zum Erwachsenenalter

4. Lies die Materialien M1 – M5 orientierend und prüfe, welche Texte, Textteile und Aussagen der Grafik für die Aufgabenstellung ergiebig sind. Markiere entsprechende Textstellen.

M1 nach Markus C. Schulte von Drach: Pubertät – Großbaustelle Gehirn (2014)

Impulsiv, irrational, risikobereit und geneigt, Regeln zu ignorieren – das Verhalten von Kindern und Jugendlichen in der Pubertät treibt Eltern gelegentlich in die Verzweiflung. Doch der Nachwuchs kann gar nichts dafür.

Eltern von Pubertierenden können ein Lied davon singen: Jugendliche schenken Vorschriften und sogar Gesetzen keinerlei Beachtung, häufig nur um völlig sinnlose und bisweilen gefährliche Dinge zu tun. Auch zeigen sie eine auffällige Neigung, mit Alkohol und anderen Drogen zu experimentieren. Gerade bei Jungen fällt eine erhöhte Risikobereitschaft auf, die zum Beispiel dazu führt, dass sie im Straßenverkehr besonders gefährdet sind.

Außerdem stürzen Kinder in der Pubertät Erwachsene ständig in Verwirrung, wenn sie zum Beispiel aus nichtigem Anlass völlig impulsiv reagieren oder in tiefe Melancholie verfallen, die am nächsten Tag einer hysterischen Begeisterung für schräge Idole weicht.

In der Pubertät, daran gibt es keinen Zweifel, verändert sich die Psyche der Kinder in einer Weise, die für Erwachsene kaum nachvollziehbar ist – jedenfalls solange sie versuchen, die Gründe und Motive der Jugendlichen aus einer rationalen Perspektive heraus zu begreifen.

Vielleicht fällt es leichter, damit umzugehen, wenn man sich Folgendes klar macht: Die Entwicklung des Gehirns erinnert während der Pubertät an eine Großbaustelle. Einzelne Teile müssen erst ihre richtige Form entwickeln, bevor sie sich in das Bauwerk einfügen. Und das geschieht nicht im gleichmäßigen Tempo: Die einzelnen Bauabschnitte werden unterschiedlich schnell mit der Umgestaltung fertig.

Die Geschlechtshormone lösen etwa ab dem zehnten bis zwölften Lebensjahr die körperliche Entwicklung zur geschlechtlichen Reife aus. Alle unsere Verhaltensweisen, die über Reflexe hinausgehen, hängen aber mit der Hirnstruktur zusammen, also mit der Organisation verschiedener Regionen des Gehirns, und den Prozessen, die darin ablaufen. Diese Struktur steckt auch den Rahmen ab, in dem sich unsere Persönlichkeit, unser Charakter, unser Ich-Bewusstsein und damit unser Verhalten im sozialen Umfeld entwickeln. Dies ist eine Folge unserer Evolution zum modernen Menschen mit seinem breiten, aber letztlich doch begrenzten Spektrum an Verhaltensweisen und -tendenzen. Es ist kein Wunder, dass sich im Laufe dieses Umbauprozesses auch das Auftreten der Jugendlichen ändert – manchmal auch für sie selbst unvorhersehbar, und von einem Moment zum anderen.

Neurologen fanden heraus, dass sich die Hirnregionen unterschiedlich schnell verändern. Wissenschaftlich ist der Umbauprozess noch nicht bis ins letzte Detail geklärt. Doch einigen wichtigen Schritten auf dem Weg vom Kinder- zum Erwachsenengehirn ist die Forschung inzwischen auf die Spur gekommen.

Zum Start der Pubertät etwa kommt es zu einer „Reifung" der grauen Substanz der Großhirnrinde, die von den Nervenzellen und den Synapsen gebildet wird. Von diesen Verbindungen zwischen den Nervenzellen werden etwa während der Lernprozesse in der Kindheit sehr viele ausgebildet. Bei Jugendlichen aber wird ein großer Teil wieder aufgelöst. Nur solche, die tatsächlich immer wieder verwendet werden, bleiben erhalten. Zugleich kommt es offenbar zu einem Ausbau der Nervenfasern, über die die Informationen zwischen den Nervenzellen nun schneller vermittelt werden. Dieser Ausbau führt zu einer Zunahme der sogenannten weißen Substanz. Die Geschwindigkeit der Hirn- und damit der Denkprozesse – die Rechenleistung des Gehirns – wächst dadurch um ein Vielfaches. Die Jugendlichen entwickeln die Fähigkeit, genauso „schnell" zu denken wie Erwachsene.

Das gilt jedoch zu Beginn der Pubertät zuerst einmal für Hirnteile, die für die Kontrolle der Bewegungen, für die Wahrnehmung, die Orientierung und die Sprache gebraucht werden. Und aufgrund der Reihenfolge, in der sich die verschiedenen Regionen verändern, unterliegt das Verhalten der Jugendlichen zunächst noch besonders stark dem Einfluss des sogenannten limbischen Systems[1]. Dessen Arbeit hängt mit den Emotionen zusammen. Insbesondere dem sogenannten Mandelkern (*Amygdala*) […], der Informationen von Außen verarbeitet, fällt dabei offenbar eine wichtige Rolle zu. Ebenfalls starken Einfluss hat der *Nucleus accumbens*[2], mit seinen Dopaminrezeptoren. Wird der Botenstoff Dopamin[3] ausgeschüttet, so kommt es zu Glücksgefühlen. Wir Menschen streben Umstände an, die diese Reaktion hervorrufen – ein gutes Essen, Treffen mit Freunden. Dazu gehören aber auch Situationen, die uns aufgrund des Risikos, das wir dabei eingehen, einen „Kick" oder einen „Thrill" geben. Das geht Jugendlichen genauso wie Erwachsenen. Und wir können diese Gefühle in der Realität erleben, aber auch über Filme und Videospiele auslösen.

Doch weil die Zahl der Dopaminrezeptoren bei Jugendlichen offenbar noch relativ klein ist, scheinen sie Situationen, die Erwachsene schon für aufregend halten, als wenig spannend wahrzunehmen. Sie brauchen stärkere Auslöser. […]

[1] Das limbische System ist eine Funktionseinheit des Gehirns, die u. a. der Verarbeitung von Emotionen dient.
[2] Kernstruktur im unteren Vorderhirn, die eine zentrale Rolle in dem „Belohnungssystem" des Gehirns spielt
[3] Glückshormon

M2

„Alles also eine Sache des Denkapparats? Emotionale Ausbrüche, ausschweifende SMS-Orgien und riskante Spritztouren mit Papas Fahrzeug lediglich eine Frage des Gehirns? Beileibe nicht. Neurobiologen glauben, dass […] die praktischen Lebenserfahrungen – Erfahrungen in Gesellschaft und Kultur – die Psyche und Familie eines Jugendlichen enorme Rückwirkungen auf die Strukturbildung seines Gehirns haben können. […] Das heißt, Jugendliche bringen die Pubertät ganz unterschiedlich hinter sich." (Harald Willenbrock)

Soziologen:
„Ein Mensch ist dann mündig, wenn er die Schule abgeschlossen hat, eigenes Geld verdient und nicht mehr bei den Eltern wohnt." (Das sind ca. ⅓ aller 30-Jährigen.)

Hirnforscher/Biologen:
„Ein 20-Jähriger ist noch lange nicht ausgewachsen. Noch bis zum 25. Lebensjahr befindet sich das Gehirn im Umbau."

Psychologen:
„Erwachsen ist, wer freiwillig wieder früher ins Bett geht." (Frauen um 19,5 Jahre, Männer um 20,9 Jahre)

M3 nach Beate Herpertz Dahlmann, Katharina Bühren, Helmut Remschmidt: Erwachsenwerden ist schwer: Psychische Störungen in der Adoleszenz (2013)

Während der Begriff der Pubertät die biologischen Prozesse während der Übergangsphase zwischen Kindheit und Erwachsenenalter kennzeichnet, meint Adoleszenz die sogenannte „psychosoziale Pubertät", in der wesentliche mentale und soziale Entwicklungsschritte erfolgen. Die körperlichen Veränderungen der Pubertät sind unter anderem durch einen Wachstumsschub, die Reifung der primären und sekundären Geschlechtsmerkmale sowie die geschlechtsabhängige Umverteilung von Muskel- und Fettgewebe gekennzeichnet. Parallel zur körperlichen Reifung steigen die Anforderungen von Eltern, Schule und Gesellschaft an den Jugendlichen. Das Erleben von Sexualität in ihrer physiologischen, kulturellen und persönlichen Dimension ist eine weitere wesentliche Erfahrung dieses Lebensabschnittes. [...]

Typische Entwicklungsaufgaben der Adoleszenz:
- Geschlechterrolle annehmen
- Veränderungen des Körpers akzeptieren
- Ablösung von den Eltern
- Weltanschauung entwickeln
- Zukunftsperspektive schaffen (Berufsausbildung, Studium)
- Freundeskreis aufbauen

[...] Die Adoleszenz wird häufig in drei Abschnitte gegliedert: die frühe (11–14 Jahre), mittlere (15–17 Jahre) und späte Adoleszenz (18–21 Jahre). In dieser Zeit kommt es zu grundlegenden neuroanatomischen Veränderungen verbunden mit einer Abnahme der grauen [...] und einer Zunahme der weißen Gehirnsubstanz. Das Ende der Adoleszenz kann neurobiologisch mit dem Abschluss der Hirnentwicklung zu Beginn des dritten Lebensjahrzehnts begründet werden; in der psychosozialen Entwicklung entspricht es der Übernahme reifer sozialer Verantwortung in Beruf, Partner- und Elternschaft. [...]

M4 Häufigste Streitthemen zwischen Jugendlichen und ihren Eltern in Deutschland im Jahr 2013 (Ausschnitt)

Die Statistik zeigt das Ergebnis einer vom IfD Allensbach durchgeführten Umfrage unter Jugendlichen in Deutschland zu häufig vorkommenden Konfliktpunkten mit ihren Eltern.

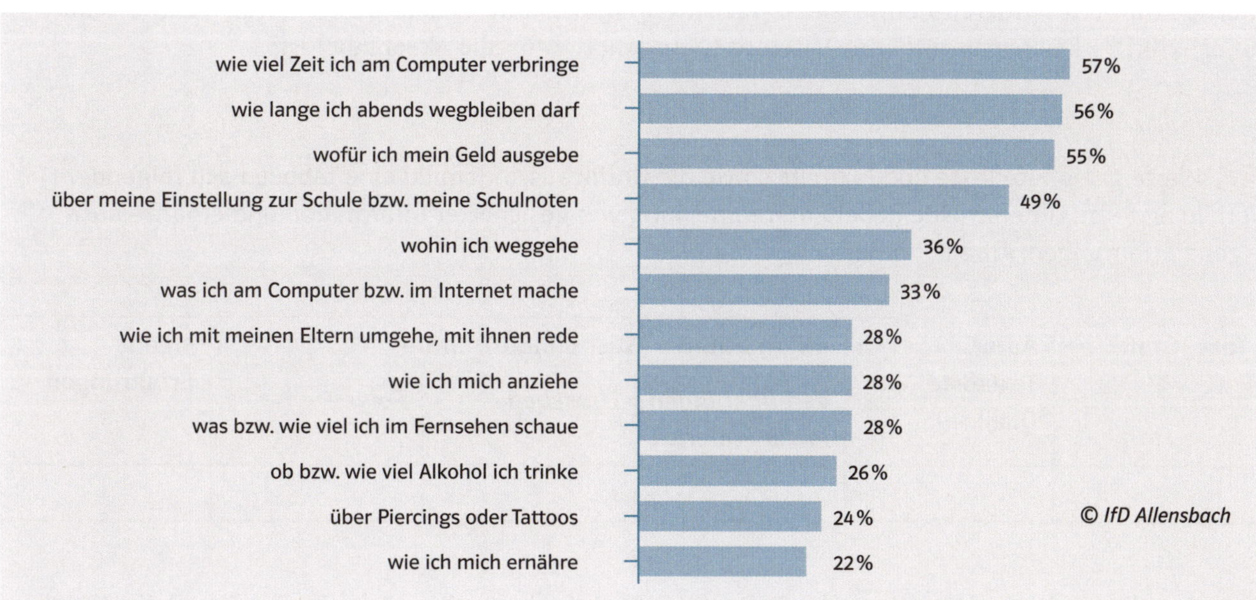

M5 nach Ulrich Hoffmann: Zehn Gebote für den Umgang mit schwierigen Teenagern (Ausschnitt, 2014) (DIE WELT)

Was tun, wenn das eigene Kind plötzlich pubertiert? Zehn Ratschläge, wie Eltern diese kritische Phase am besten überstehen.

[...]

2. Du sollst dein Kind falsche Entscheidungen treffen lassen!

Wenn wir wollen, dass unsere Kinder eigenständige, selbstbewusste Menschen werden, dann müssen wir ihnen erlauben, selbst zu entscheiden. Sie lernen immer noch von uns, nur anders als zuvor. Sie testen unsere Vorschläge und Anregungen nicht zuerst durch vertrauensvolles Nachahmen, sondern durch verachtungsvolles Ablehnen. Je mehr Kontrolle wir abgeben, je mehr Interesse wir dabei zulegen, mit desto weniger Schulrauswürfen, Herzschmerz, Teenagerschwangerschaften und Hörstürzen ist zu rechnen. Pubertierende Teenager sind ungeschickt in eigentlich allem, was sie tun. Alles ist neu, alles ist anders, keiner hat sie gefragt. Kinder (und wir ja auch) lernen leben mittels „Versuch und Irrtum". Je eher, desto besser.

3. Du sollst dem Gruppendruck nicht nachgeben – aber ihn verstehen!

Das ultimative Killerargument jedes Teenies: Alle anderen bekommen mehr Taschengeld, haben ein Handy, einen Computer, eine Playstation, dürfen rauchen, trinken, kiffen und ausgehen bis zum Morgengrauen. Nie zuvor oder danach im Leben ist der Gruppendruck, neudeutsch peer pressure, so hoch wie in der Teenagerzeit. Nehmen Sie die Herausforderung Ihres Kindes an und stellen sich seinem an Sie weitergereichten Druck. Wenn Sie den ertragen, haben Sie Ihr Erziehungsziel bereits erreicht.

[...]

7. Ihr sollt Kompromisse miteinander aushandeln!

Der US-Psychologe Phil McGraw erzählt folgendes Beispiel: Sein Sohn wollte bis in die frühen Morgenstunden mit seinen Freunden auf die Piste. Die McGraws hätten ihn lieber um zehn Uhr abends im Bett gesehen. Die Fronten waren selbst im Psychologenhaushalt verhärtet. Was tun? Der Profi fragte sich an dieser Stelle: Worum geht es mir wirklich? Und worum meinem Sohn? Der Vater wollte seinem Sohn ja nicht den Abend vermiesen. Und der Sohn wollte seinen Eltern keine Angst machen, sondern nur lieber Zeit mit seinen Kumpels verbringen. Im Anschluss überlegte McGraw: Wie kann man möglichst beiden Bedürfnissen gerecht werden? Sein Vorschlag: Um Mitternacht muss sich der Sohn kurz per Handy melden und preisgeben, wo er ist und wie er nach Hause kommen wird. Ich nenne solche Varianten familienintern den „dritten Weg". Einer will A, einer will B – kann man nun eine Variante C finden, die für alle akzeptabel ist?

[...]

5. Werte geeignete Texte und Textteile sowie die Grafik aus, indem du eine Tabelle nach folgendem Vorbild erstellst. Unterscheide dabei Autorenmeinung von gesicherter Information und ergänze auch eigene Erfahrungen. Arbeite im Heft.

Text / Grafik	Autor, Textsorte, Quelle	Informationen (Stichpunkte), Zitate			eigene Erfahrungen
		Veränderungen in der Pubertät	*Ursachen*	*Folgen*	

6. Erstelle für deinen informierenden Text (vgl. S. 66, Aufgabe 2) einen Schreibplan. Arbeite im Heft.

Einen informierenden Text materialgestützt schreiben und überarbeiten

1. In einem informierenden Text zum Thema „Erwachsenwerden" (vgl. S. 66, Aufgabe 2) lautet ein Gliederungspunkt „Jugendliches Risikoverhalten, die Gründe und Folgen."
   - Lies die folgende Einleitung zu diesem Teilthema.
   - Prüfe, ob sie inhaltlich und sprachlich ihre Funktion erfüllt, und begründe deine Meinung.

Besonders Eltern und Verwandte von Jugendlichen kennen dieses Verhalten sehr gut. Ein Teenager verliert in einer völlig harmlosen Situation die Fassung und reagiert unverständlich total über, verliert über sich und über das, was er gerade tut, die Kontrolle, wird teils aggressiv, schlägt mit nicht schönen Wörtern um sich oder wird zu Boden betrübt, knallt die Türen und verschwindet mit einer plötzlich verwandelten Stimmung in sein Zimmer. Natürlich fragen sich die Erwachsenen aufgrund des Verhaltens, was jetzt Phase ist, warum dieser plötzliche Sinneswandel stattfand und sie machen sich Sorgen. Aber haben die Teenager dann ihren Führerschein und sind auf der Straße allein mit Mofa, Moped oder Auto unterwegs, sind die Sorgen vieler Eltern noch größer, denn jugendliche Fahrer sind häufig die Verursacher von schweren Unfällen. Das kannst du oft in deiner Zeitung lesen. Im Folgenden möchte ich meine Meinung äußern über Ursachen und Folgen der oft riskanten Verhaltensweisen Jugendlicher im Straßenverkehr.

2. Überarbeite den Schülertext und schreibe selbst eine Einleitung zu diesem Teilthema. Arbeite im Heft.

3. Führe den folgenden begonnenen Hauptteil zu diesem Teilthema fort. Stelle die Folgen risikoreichen Verhaltens im Straßenverkehr dar. Nutze dazu den Beitrag der Gadebusch-Rehnaer Zeitung unten, greife aber auch auf eigene Erfahrungen zurück. Achte auf korrektes Zitieren.
   Arbeite im Heft.

Laut dem Internetbeitrag der Süddeutschen.de wissen von 2014 „Pubertät Großbaustelle Gehirn" stellen „männliche Fahranfänger [...], die die Pubertät noch nicht ganz hinter sich gelassen haben, [...] überdurchschnittlich häufig" eine Gefahr für „sich und andere" dar, vor allem, wenn sie „mit anderen Jugendlichen unterwegs sind". „Dem ADAC zufolge" besaßen „18- bis 24-Jährige 2012 etwa zehn Prozent aller PKW-Führerscheine in Deutschland." Aber „ihr Anteil an Fahrern, die tödliche Unfälle verursacht haben, lag [...] bei mehr als 26 Prozent." ...

Meldung der Gadebusch-Rehnaer Zeitung, 14. März 2014 (Ausschnitt)

2013 wurden insgesamt 5.230 Unfälle (in Nordwest-Mecklenburg) registriert. Junge Autofahrer waren überproportional daran beteiligt. [...] „Die 18- bis 29-Jährigen sind [...] überproportional bei Unfällen vertreten", sagt André Falke, Pressesprecher der Polizeiinspektion Wismar. Von insgesamt 5.261 Unfällen im Jahr 2012 gab es 711 Verletzte und zehn Tote. Die Gruppe der 18- bis 25-Jährigen verursachte davon 789 Unfälle mit 146 Verletzten, davon 26 schwer, und einem Toten [...]. 2013 wurden insgesamt etwa 5.230 Unfälle registriert [...]. Dabei verursachte die Gruppe der 18- bis 25-Jährigen 712 Unfälle mit 170 Verletzten, davon 23 schwer, und einem Toten. „Betrachtet man die Statistik bis zu den 29-Jährigen, gehen die Zahlen noch einmal deutlich hoch", so Falke.

4. Formuliere für den Hauptteil eines informierenden Textes zum Thema „Erwachsenwerden“ (vgl. S. 67, oben) einen Abschnitt über mögliche Gründe für die erhöhte Risikobereitschaft Jugendlicher. Nutze dazu auch die Statistik und die Stoffsammlung unten. Arbeite im Heft.

Häufigste Fehlverhalten der 15- bis 17-jährigen Fahrzeugführer bei Unfällen mit Personenschaden 2013

Quelle: Statistisches Bundesamt

Gründe	*Quellen*
– „Leichtsinn, [...] Alkohol und Drogen sowie Müdigkeit ...“ – bei Fahrstunden festgestellt (Fahrlehrer Heiko Gottschalk) Jugend hat „eingeengten Blick“, „beobachtet nicht mehr“ – weil fixiert auf „Handys, Laptop“ – so fast die Hälfte mehr Fahrstunden nötig als „vor 15 Jahren“	*Gadebusch-Rehnaer Zeitung, 14. März 2014*
– soziale Anerkennung von Gleichaltrigen in der Gruppe = „Gefühl von Respekt und Anerkennung“ – Frontallappen der Großhirnrinde reift „als eine der letzten Hirnregionen“ in Pubertät aus, steuert: „Impulskontrolle [...] und Fähigkeit, längerfristig zu planen“ – „Gefühle“ wirken „stärker auf Entscheidungen und Verhalten, auch riskantes Verhalten“ – Spontanität: weniger vernunftbezogenes, überlegtes Handeln – eigene Identität wird wichtiger – „Bestreben, sich von bisherigen Autoritäten“ abzugrenzen (Erwachsenen)	*M. C. Schulte von Drach, 2014, Pubertät – Großbaustelle Gehirn*

5. Verfasse entsprechend der Aufgabenstellung (S. 67, oben) einen vollständigen informierenden Text für die Jugendseite der regionalen Tageszeitung. Nutze deine Vorarbeiten in diesem Kapitel.
- Wähle eine passende Überschrift sowie einen interessanten Einstieg.
- Achte auf einen roten Faden und sachlichen Stil.

Arbeite im Heft.

Das kannst du jetzt! – Klassenarbeitstraining ☆

Schreibe für ein Unterrichtsprojekt in deiner Klasse zur Frage „Warum bin ich, wie ich bin?" einen Text, in dem du auf der Basis der folgenden Materialien (M1 – M5) und eigener Recherche über das menschliche Bewusstsein sowie über die Wirkung von Hormonen auf das Sozialverhalten und auf die Gefühle informierst.

M1 nach Gerhard Roth: Wann sagt ein Kind zu sich selbst „Ich"? (2009)

Die Entwicklung des Ich eines Menschen erfolgt in mehreren Phasen. Eine davon „umfasst die Entstehung des sprachlichen Ich".
„Mit 18 Monaten" erreicht ein Kind „die 50-Wörter-Marke […], ab dann beschleunigt sich die Sprachentwicklung. Zwischen dem 18. und 25. Monat beginnt das Kleinkind Wörter zu kombinieren und Zwei-Wort-Sätze zu bilden. Zwischen dem 22. und dem 24. Monat verfügt das Kind über ca. 200 Wörter und jeden Tag kommen durchschnittlich neun Wörter hinzu. […] Mit zwei Jahren besteht die Sprache der Kleinkinder aus Zwei-bis-Drei-Wort-Sätzen in einem „telegraphischen" Stil. […] Gegen Ende des zweiten Lebensjahres kommt es zur Formulierung der Wörter „ich", „mein" usw. Die Bezeichnung der eigenen Person wird bis zu diesem Zeitpunkt aus den Anreden der Umwelt übernommen: Also „*Maria* trinken." oder „*Du* trinken." bedeutet „*Ich* möchte trinken".[…]

M2 nach Henning Engeln und Rainer Harf: Wer bin ich? – Wie das Gehirn sich selbst erkennt (2012)

Bis heute weiß kein Forscher, wo genau das Ich sitzt, wie unser Bewusstsein zustande kommt und wodurch ein Gefühl entsteht. Dennoch haben Neurowissenschaftler Verblüffendes herausgefunden, erläutert Wolf Singer, einer von Deutschlands führenden Hirnforschern. […]

Herr Professor Dr. Singer, Sie beobachten, wie jemand seinen Hund beim Namen ruft, und das Tier kommt, freudig mit dem Schwanz wedelnd, angelaufen – würden Sie sagen, der Hund hat ein Ich?
Wolf Singer (W. S.): Es gibt viele Arten von Ich-Bewusstsein. Der Hund weiß, dass er gemeint ist. Was er schon nicht mehr kann, ist in den Spiegel schauen und erkennen, dass er selbst das Wesen darin ist. Wenn Sie ihm einen roten Fleck auf die Nase gemalt hätten, würde er ihn an seinem Gegenüber im Spiegel sehen, aber nicht versuchen, ihn bei sich selbst wegzuwischen. Raben hingegen, Menschenaffen und menschliche Kinder ab dem zweiten Lebensjahr besitzen die Fähigkeit, sich im Spiegel als sie selbst wahrzunehmen, und würden versuchen, den Fleck wegzuwischen.

Ist der Körper notwendig für die Entstehung des Ichs?
W. S.: Vermutlich ist das Sein in einem Körper eine wesentliche Voraussetzung für das Ich-Erleben; man spricht von „Embodyment", man spürt seinen Körper, und das hilft einem, sich mit sich selbst zu identifizieren. Dieser Vorgang setzt erst einige Zeit nach der Geburt ein – am Anfang können Babys noch nicht zwischen Ich und anderen unterscheiden.

Wie kommt es zu einer Unterscheidung?
W. S.: Die Babys beginnen, die Hände zu bewegen, und merken: Da ist ja etwas, was ich selbst kontrollieren kann. Die gleiche Erfahrung machen sie durch das Bewegen ihrer Augen: Ich kann aussuchen, was ich von dieser Welt wahrnehmen möchte. Auf diese Weise entsteht allmählich das Bewusstsein, von der Umgebung abgegrenzt zu sein: der erste wichtige Schritt bei der Ich-Findung. […]

Wie beeinflussen soziale und kulturelle Faktoren das Kind?
W. S.: Irgendwann wird ihm deutlich gemacht, dass es dieses tun und jenes vermeiden muss, um belohnt und nicht bestraft zu werden. Und es wird ihm klar werden: Ich bin Herr über meine Handlungen; ich kann wählen, was ich mache. So entsteht allmählich ein Ich, das sich zwar eingebettet empfindet in ein soziales Gefüge, in ein System von Regeln, das sich aber unabhängig und in der Lage weiß, diese Regeln entweder zu akzeptieren oder zu überschreiten. […]

In welchem Alter findet die endgültige Formung des Ichs statt?
W. S.: Man sagt, dass die Ausreifung der Ich-Funktionen im soziokulturellen Umfeld in der Pubertät erfolgt. Allerdings erstreckt sich die Hirnentwicklung mindestens bis ins 20. Lebensjahr. Und auch später kommt es natürlich noch zu Veränderungen. Vermutlich hält die Arbeit am Ich ein Leben lang an. […]

M3 nach Bernd Volland: Der Andere in mir – die Fähigkeit zur Empathie (2012)

[…] Im zweiten Lebensjahr hat sich in der Regel die Fähigkeit zur Empathie entwickelt. Kinder versuchen dann beispielsweise, ein anderes Kind zu trösten, wenn es fällt, statt einfach nur mitzuweinen. Das heißt: Sie fühlen seinen Schmerz mit, sind sich aber dabei bewusst, dass es nicht ihr eigener ist.
Das komplexere System der „Theory of Mind“ (also Gefühle, Bedürfnisse, Ideen, Absichten, Erwartungen und Meinungen zu vermuten) bildet sich etwa im vierten Lebensjahr. Kinder können sich dann erstmals in die Lage anderer hineinversetzen.
Das lässt sich bei einem Experiment im Kasperletheater untersuchen: Eine Puppe legt vor dem kindlichen Publikum etwas unter einer Kiste ab und verlässt die Bühne wieder; anschließend versteckt eine andere Puppe den Gegenstand unter einer Kiste daneben. Das unreife Kind wird nun davon überzeugt sein, dass die zurückkehrende Puppe unter der richtigen Kiste suchen wird, denn dort liegt ja der Gegenstand. Das reife Kind hingegen weiß, dass die Getäuschte nach ihrer Rückkehr unter der falschen Kiste nachschauen wird. Denn es versteht, dass der Kenntnisstand der Puppe ein anderer ist als der eigene.
Im fünften Lebensjahr wird die Fähigkeit der „Theory of Mind“ ausgefeilter: Kinder sind dann imstande, andere absichtlich zu täuschen. Wenn sie im Spiel etwas versteckt haben, das ein Gegner haben möchte, und dieser sie fragt, wo es sei, deuten sie auf eine falsche Stelle. Sie können sich also ausmalen, was eine Handlung – in diesem Fall der Fingerzeig – im Gegenüber auslöst, und können dieses Wissen für sich nutzen.
Hier deutet sich die Schattenseite dieser Fertigkeiten an […].

M4 nach Ilona Baldus: Wie Hormone unser Gemüt prägen (2012)

Singen macht glücklich – das lässt sich belegen: Botenstoffe in unserem Körper wie etwa Serotonin oder Dopamin werden dabei im Gehirn ausgeschüttet, beflügeln den Singenden, versetzen sein Ich in eine frohe und ausgelassene Stimmung. Genauso kann Sport beschwingen: Denn auch bei vielen körperlichen Bewegungen werden chemische Substanzen in die Blutbahn abgegeben, sorgen für Wohlgefühl oder gar für Euphorie. […]
Ein anderer Botenstoff sorgt hingegen für ein besseres Miteinander: Oxytocin, auch „Kuschelhormon“ genannt. Es bindet Verliebte aneinander, beruhigt werdende Mütter: Während der Schwangerschaft, der Geburt oder beim Stillen wird es in großen Mengen ausgeschüttet. Es lindert wohl die Angst vor der Geburt und den Stress der Säuglingszeit. […] Je höher der Hormonspiegel, desto fürsorglicher kümmert sich die Mutter um ihr Kind, zeigten Untersuchungen. […] Und bei Eltern, die gemeinsam ihr Kind umsorgen, steigt synchron der Gehalt an Oxytocin im Blut und stärkt möglicherweise nicht nur die Bindung zum Kind, sondern auch das Zusammengehörigkeitsgefühl innerhalb der Familie.

Doch Hormone entscheiden zudem über eine ganz grundsätzliche Eigenschaft des Ichs: unsere sexuelle Identität. Im frühen Embryonalstadium, noch lange bevor sich dieses Ich entwickelt und seiner selbst gewahr wird, ist jeder Mensch ein Zwitterwesen. Männliche Sexualhormone dirigieren dann die Ausformung des Embryos zu einem Jungen, ohne den Einfluss dieser Hormone wächst ein Mädchen heran. So legen Hormone einen ganz entscheidenden Teil unserer Selbst fest: das Bewusstsein, ein Mann zu sein oder eine Frau. [...]

M5 nach Martin Paetsch, Rainer Harf, Sebastian Witte: Das Unbewusste – die verborgene Macht in uns (2012)

[...] Studien zeichnen ein erstaunliches Bild des Unbewussten: Es ist kein rückständiges Gegenstück zu unserem rationalen Selbst, sondern ein verblüffend leistungsfähiges System, ohne das wir das Leben nicht meistern könnten. Das Unbewusste, so lautet mittlerweile eine [...] Definition [...], umfasst [...] sämtliche Prozesse im Hirn, die keine bewussten Gefühle, Empfindungen oder Erinnerungen hervorrufen. Unter anderem verorten Forscher heute folgende Phänomene im Kosmos des Unbewussten:

- alle Erinnerungen, die dem Bewusstsein nicht direkt zugänglich sind – etwa Vergessenes oder Verdrängtes;
- unbewusste Lernvorgänge – so das Aneignen von Grammatikregeln, das Kinder ohne Anstrengungen meistern;
- unbewusste Wahrnehmung von Sinnesreizen – denn fast alle Informationen, die unsere Sinnesorgane ans Gehirn schicken, werden zunächst im Unbewussten gefiltert, vorsortiert und gedeutet [...], 30 % des Gehirns sind damit beschäftigt;
- automatisierte Verhaltensweisen – also erlernte Fähigkeiten wie Laufen, Fahrradfahren oder Tennisspielen; [...]
- unbewusste Beurteilung unseres sozialen Umfeldes – etwa ob wir einen anderen Menschen spontan als sympathisch oder arrogant einschätzen. [...]

Sicher zumindest ist: Unbewusste Vorgänge kontrollieren einen Großteil unseres Lebens. Ja, sie ermöglichen überhaupt erst etliche jener alltäglichen Handlungen, die uns gänzlich mühelos erscheinen, da wir über sie nicht nachdenken müssen. [...] Man spricht von 99 Prozent unbewusst ablaufender Denkprozesse. [...]

1. Analysiere die Aufgabenstellung (S. 73).
- Erläutere die Merkmale der vorgegebenen Textsorte.
- Überlege, welches Vorwissen du bei den Adressaten voraussetzen kannst.
- Formuliere Teilthemen, die sich aus der Aufgabenstellung ergeben.

Arbeite im Heft.

2. Prüfe durch orientierendes Lesen, welche Materialen du auf welche Weise nutzen kannst, und werte sie in einer Stoffsammlung aus.
- Ergänze eigene Erfahrungen zum Thema.
- Erstelle einen Schreibplan.

Arbeite im Heft.

3. Schreibe einen informierenden Text entsprechend der Aufgabenstellung (S. 73). Überprüfe die sachliche und sprachliche Richtigkeit und den logischen Aufbau. Arbeite im Heft.

EXTRA: Üben – Sprachtraining

Häufige Rechtschreibfehler vermeiden

1. Setze *-d-* oder *-t-* richtig in die Lücken der folgenden Sätze und Wortgruppen ein.

a) Das Verhalten pubertieren___er Jugen___licher treibt Eltern gelegen___lich in die Verzweiflung. Auffallen___ ist, dass die Heranwachsen___en letzten___lich in wesen___lichen Fragen provozieren___ auftreten. Sie setzen viele bisher eigen___lich hervorragen___ funktionieren___e Normen des öffen___lichen Lebens wissen___lich oder unwissen___lich außer Kraft.

b) kränken___e Gesten
unterstützen___e Maßnahmen
versehen___liche Beleidigungen
aufregen___ste Ereignisse
sich widersprechen___e Argumente
orden___liche Schüler
namen___liche Abstimmungen
folgen___e Beispiele
morgen___liche Launen
entsprechen___e Regeln
überzeugen___ste Beweise
beindrucken___e Daten

2. Im folgenden Text wurden 20 Wörter fälschlicherweise kleingeschrieben.
Markiere sie und schreibe sie mit ihrem Begleiter richtig auf.
Arbeite im Heft.

Hirnrissiges Verhalten

Es gibt viele Hinweise dafür, dass das Gehirn eines heranwachsenden tatsächlich anders funktioniert als das eines erwachsenen.
So scheinen es Jugendliche im allgemeinen schwierig zu finden, die Konsequenzen ihres tuns vorauszusehen. Das ergab eine Studie einer US-amerikanischen Forscherin. Dabei ging es um folgendes: Die Wissenschaftlerin konfrontierte die Teilnehmer mit Situationen, die mit unterschiedlichen Risiken verbunden waren. Das dargestellte reichte vom harmlosen „salatessen" bis zum Adrenalin ankurbelnden „schwimmen mit Haien". Das verblüffende und unerwartete: Die jugendlichen Teilnehmer benötigten nicht nur länger als die erwachsenen, um zu entscheiden, dass ersteres unbedenklich, letzteres aber gefährlich ist, sie setzten dafür auch andere Gehirnregionen ein. Die Forscherin, die die Köpfe der Testpersonen mit einem Tomografen überwachte, sah, dass bei den jugendlichen vor allem das Vorderhirn aktiv wurde. Das deutet darauf hin, dass sie stärker auf logische Schlussfolgerungen setzten. Bei den erwachsenen dagegen meldeten sich verstärkt die Basalganglien[1]. Sie sind eine Art Vorzimmer zum Stirnhirn, in dem schon vorab entschieden wird und so Entscheidungen gar nicht erst in die Hirnzentrale vorgelassen werden. Dies lässt auf das vorhandensein von automatismen schließen. Das auf den ersten Blick beeindruckende im vorgehen der Jugendlichen – ihr rationales abwägen der Risiken – ist tatsächlich nachteilig. Während ältere Menschen fast instinktiv vor Gefahren zurückzuschrecken scheinen, ist bei Jugendlichen offenbar ernsthaftes nachdenken erforderlich – und genau dafür nehmen sie sich im Eifer des Gefechts meist keine Zeit.

[1] unterhalb der Großhirnrinde angelegte Kerngebiete

3. **Entscheide bei den hervorgehobenen Wörtern, ob sie getrennt oder zusammengeschrieben werden, und unterstreiche die richtige Variante.**

Flexible Gehirne

Was in Gehirnen von Jugendlichen vor sich geht / vorsichgeht, warum manchmal alles kopfsteht / Kopf steht und durcheinander gerät / durcheinandergerät, das wollen Wissenschaftler schon Jahrhunderte lang / jahrhundertelang heraus finden / herausfinden.

In dem Zeitraum, in dem wir uns das erste Mal / erstemal verlieben und über so wichtige Dinge wie unseren Beruf entscheiden, ist unser Gehirn sehr instabil.

Es war zu Beginn der Neunzigerjahre, als Jay Norman Giedd, ein junger Arzt in den USA, in einem modernst ausgestatteten / modernstausgestatteten Labor fest stellen / feststellen wollte, was in den Köpfen von Kindern schief lief / schieflief, die hyper aktiv / hyperaktiv oder autistisch waren. Zu diesem Zweck legte er die teil nehmenden / teilnehmenden Patienten Reihen weise / reihenweise in einen Leistungs starken / leistungsstarken Kernspintomografen, der ihre Gehirne Millimeter für Millimeter durch leuchtete / durchleuchtete. Ein Computer konnte aus den Aufnahmen Aussage kräftige / aussagekräftige drei dimensionale / dreidimensionale Bilder zusammen stellen / zusammenstellen. Die Aufnahmen verglich er mit Aufnahmen der Gehirne von gesunden Pubertierenden. So kam er zu Aufsehen erregenden / aufsehenerregenden Forschungsergebnissen, mit denen der Wissenschaftler vorliegende Erkenntnisse – bezogen auf pubertierende Heranwachsende – weiter entwickeln / weiterentwickeln und bisherige Thesen richtig stellen / richtigstellen konnte: Diese lassen sich so zusammen fassen / zusammenfassen:

Ab dem sechsten Lebensjahr sprießen im Gehirn unzählige neue Verbindungen zwischen den Nervenzellen. Es kommt Regel recht / regelrecht zu einer Synapsenwucherung, die ihren Höhepunkt bei Mädchen mit ungefähr elf einhalb / elfeinhalb Jahren, bei Jungen etwas später erreicht. Danach beginnt das Gehirn, die neu gesprossenen / neugesprossenen Nervenbahnen wieder vehement auszudünnen und die über lebenden / überlebenden mit einer Fett reichen / fettreichen Substanz zu isolieren. Der Gehirnforscher konnte sicher stellen / sicherstellen, dass diese Umbauarbeiten nicht nur mit Macht gerade vor der Pubertät beginnen, sondern sich deutlich bis jenseits des 20. Geburtstags hin ziehen / hinziehen.

4. **Setze *das* oder *dass* richtig in die Lücken ein.**

Hormonfeuerwerk ohne geistige Reife

Eine Studie des bekannten amerikanischen Psychologen Steinberg zeigte, _____ sich Jugendliche selbst bei so simplen Transaktionen wie Kauf- und Verkaufsentscheidungen viel mehr von Gefühlen leiten lassen als Ältere. Beinahe scheint es, als verbündeten sich in der Pubertät _____ Hormonfeuerwerk und _____ Hirn: _____ eine stürze die Teenager in emotionale Tumulte – und _____ andere ist noch nicht reif genug, um sie zu bremsen. Diese Erkenntnisse trugen vor wenigen Jahren dazu bei, _____ der US Supreme Court überzeugt wurde, _____ Jugendliche nicht im gleichen Maße für ihre Taten verantwortlich gemacht werden könnten wie Erwachsene. _____ erklärte eine Mehrheit der Richter. _____ Phänomen aber, _____ _____ Hormonfeuerwerk den geistigen Reifungsprozessen offensichtlich immer mehr vorauseilt, ist bisher nur ungenügend geklärt.

Materialgestütztes Schreiben eines argumentierenden Textes

Einen argumentierenden Text vorbereiten und planen

Schülerbuch S. 69 ▪ **Vorbereiten eines argumentierenden Textes**

In einem argumentierenden Text nimmst du zu einem Thema für einen **bestimmten Adressatenkreis argumentierend** und **wertend Stellung**. Zunächst untersuchst du die **Aufgabenstellung** genau: Welches **Ziel** wird verfolgt? Welche **Merkmale** hat die geforderte **Textsorte** (z. B. Rede, Kommentar)? Auch musst du mögliches Vorwissen und Erwartungen der **Adressaten** (Mitschüler, Eltern, Fachpublikum) berücksichtigen, um geeignete Argumente auszuwählen und später zielorientiert schreiben zu können.
Beim **orientierenden Lesen** kannst du durch einen Blick auf Textsorte, Autor, Quelle und Textfunktion die **Qualität** und **Glaubwürdigkeit der Materialien** prüfen. Nach der **Auswertung** geeigneter Texte und Textteile erstellst du eine **Stoffsammlung** zur Pro- und Kontra-Position. Unterscheide dabei **Fakten** von **Meinungen** und ergänze **eigenes Wissen** und **Erfahrungen**.
Ordne deine **Informationen**, bevor du einen **Schreibplan** erstellst.

Früher hätte man sich auf der Bank noch etwas zu sagen gehabt.

1. Kreuze an, welcher Titel deiner Meinung nach am besten zu der Abbildung passt, und begründe deine Entscheidung kurz.

☐ „Wahre Freunde im Netz"   ☐ „Soziale Netzwerke machen unsozial"

____

____

____

____

____

____

2. Vervollständige die Mindmap zum Thema „Freundschaft im Internet“. Arbeite im Heft.

3. Erstelle auf der Grundlage deiner Erfahrungen eine Rangfolge der angegebenen Tätigkeiten in sozialen Netzwerken entsprechend ihrer Häufigkeit, indem du die Zahlen 1 bis 10 in die Kästchen einträgst (1 = sehr häufig, 10 = sehr selten). Vergleiche deine Einschätzung mit der deiner Mitschüler.

- ☐ „Gefällt mir“-Button nutzen
- ☐ nach Kontaktdaten suchen
- ☐ in Profilen anderer stöbern
- ☐ auf Pinnwand schreiben
- ☐ Spiele spielen
- ☐ Links posten
- ☐ chatten
- ☐ posten, was ich gerade mache
- ☐ Fotos/Videos einstellen
- ☐ Nachrichten an andere schicken

4. Untersuche die folgende Aufgabenstellung. Notiere in Stichpunkten die benötigten Informationen.

> *Menschen, die lieber auf ihrem Handy herumtippen, anstatt sich zu unterhalten, mehr als hundert Kontakte in sozialen Netzwerken pflegen und ansonsten ihre Umwelt auf dem Weg zur Arbeit durch den Blick aufs Handy gar nicht mehr wahrnehmen …*
>
> Machen soziale Netzwerke im realen Leben unsozial? – Im Rahmen der Veranstaltung „Jugend debattiert“ soll diese Frage diskutiert werden. Entwirf auf der Grundlage deiner eigenen Erfahrungen und unter Nutzung der Materialien (M1 – M4) eine argumentierende Rede zu dieser Frage.

Thema: ______________________________

geforderte Textsorte: ______________________________

Besonderheiten der Textsorte: ______________________________

Art der Veröffentlichung: ______________________________

mögliche Adressaten: ______________________________

vermutetes Vorwissen, Einstellung zum Thema und Erwartungen der Adressaten: ______________________________

____

____

Zielsetzung der Textsorte: ______________________________

____

erforderlicher Sprachstil, Anrede: ______________________________

5. Formuliere auf Basis deiner Überlegungen aus den Aufgaben 1–3 (S. 78 f.) eine These und eine Gegenthese zur Problemstellung.

These: ____________________

____

Gegenthese: ____________________

____

6. Lies die Materialien (M1, M2) orientierend und werte sie unter der Fragestellung „Machen soziale Netzwerke unsozial?" aus. Markiere dazu unterschiedliche Argumente in verschiedenen Farben und vervollständige die gelben Felder der Tabelle (S. 82).

M1 nach Isabella Alt: Facebook schadet der realen Freundschaft (2012)

Social Media beeinflusst das Leben einer ganzen Generation. Aus Sicht von Experten bergen soziale Netzwerke wie Facebook allerdings enorme Gefahren für echte Beziehungen – und fördern Vereinsamung sowie Phobien.

Hunderte Freunde auf Facebook sind nicht mit echter Freundschaft zu vergleichen. Die Berliner Psychotherapeutin Franziska Kühne behauptet gar, dass durch soziale Netzwerke reale Beziehungen Schaden nehmen. „Online-Netzwerke lassen Welten zusammenbrechen und schaffen viele Dramen", sagte sie FOCUS. „Infolgedessen therapiere ich sogar Suizidgedanken und Suizidversuche." Facebook und andere Netzwerke machen der Expertin zufolge Beziehungen unverbindlicher. Online-Konversationen seien lediglich „Formen der passiven Kommunikation, bei der all das verloren geht, was wir brauchen, um Nähe aufzubauen und dauerhaft zu stabilisieren", sagt Kühne. „Die Menschen fühlen sich zunehmend einsamer, was in Unzufriedenheit, Frustration oder dysfunktionalem Verhalten mündet", erläutert die Psychotherapeutin. „Die Menschen ziehen sich stärker zurück und entwickeln auch soziale Phobien."

[…] Wissenschaftler weisen nach, dass es sich mit [realen] Freunden besser sowie gesünder lebt – und Freundschaften Einfluss auf den Alterungsprozess des Gehirns nehmen. Virtuelle Freundschaften dagegen werden kritisch gesehen.

Therapeutin Kühne nennt die sozialen Netzwerke „schöne neue Psychowelt", denn „das Internet konsumiert die Menschen, sie werden darin verschlungen und versinken einfach". In Kühnes Therapeutenarbeit bestätige sich diese Gefahr an vielen Patienten. Sie befürchtet das Szenario, „dass die Menschen 2050 in dunklen Räumen, allein vor hellen Bildschirmen sitzen." Laut WHO werde schon 2030 Depression die meist festgestellte Krankheit in Industrieländern sein. Kühne glaubt, dass diese Entwicklung „durch das Internet stark begünstigt wird".

M2 nach Christoph Koch: Soziale Netzwerke – Alle Freunde auf einen Klick (2010)

[…] Als der französische Soziologe Pierre Bourdieu in den achtziger Jahren vom „sozialen Kapital" sprach, hatte er vermutlich nicht die Statusmeldungen bei Facebook im Sinn, die die Nutzer darüber auf dem Laufenden halten, wie sehr ihre Freunde von ihrer Arbeit oder dem Wetter genervt sind. Dennoch sind Freundschaften ein wichtiger Teil des sozialen Kapitals. Der amerikanische Soziologe Robert D. Putnam hat versucht, dieses soziale Kapital in zwei verschiedene Arten aufzuteilen: in das Bonding Capital (also etwa „verbindendes Kapital") und das Bridging Capital (sozusagen „überbrückendes Kapital").

Während das Bridging Capital etwas darüber aussagt, mit wie vielen unterschiedlichen Menschen jemand verbunden ist, aus welchen unterschiedlichen Sphären und Schichten diese stammen, wie groß also gewissermaßen seine „Reichweite" ist, sagt das Bonding Capital mehr darüber aus, wie eng diese Bindungen sind, wie groß das gegenseitige Vertrauen und die Wertschätzung. […]

Eine der zentralen Aussagen der Studie, die Steinfield und seine Kollegen veröffentlicht haben: Online-Gemeinschaften wie Facebook spielen eine große Rolle, wenn es darum geht, das „Bridging Capital" zu vergrößern, sie machen unsere Freundeskreise also größer und vielfältiger. Wenn es jedoch darum geht, bestimmte Kontakte zu intensivieren, sind sie weniger wichtig. Eine Gefahr für analoge Freundschaften sehen auch sie nicht: „Online-Kontakte entfernen die Menschen nicht zwangsläufig von ihrer realen Umwelt, können ihnen aber helfen, Beziehungen und Kontakte zu Freunden aufrechtzuerhalten, selbst wenn durch geänderte Lebensumstände der (physische) Abstand wächst."

Doch genau daraus, dass es das Internet so einfach macht, in Kontakt zu bleiben, folgt automatisch, dass die Zahl der Freunde immer größer wird: Denn durch jeden Umzug, jeden Jobwechsel, jede Party kommen neue Gesichter hinzu – und die alten bleiben erhalten. Robin Dunbar, ein britischer Anthropologe, hat genau darüber ein Buch geschrieben: Es heißt „How Many Friends Does One Person Need?" – Wie viele Freunde braucht der Mensch? [...]

Der Anthropologe beschäftigte sich damals mit der Größe von Gruppen, in der verschiedene Affenarten zusammenleben. Dabei stellten er und sein Team fest, dass sich die Größe einer Gruppe proportional ansteigend zur Größe des sogenannten Neocortex des jeweiligen Affenhirns verhielt. „Der Neocortex ist grob gesagt der Teil des Gehirns, der für das analytische Denken zuständig ist", sagt Dunbar, „und er ist bei Menschen größer als bei Affen. Ich rechnete also hoch, was die ideale Gruppengröße für den Menschen ist – und kam auf die 150." In der Folge suchte Dunbar in der Menschheitsgeschichte nach der Zahl und war selbst überrascht, wie oft er sie fand: Bei über 20 Stammesgesellschaften, von denen Statistiken existieren, liegt die durchschnittliche Größe eines Stammes bei 153. [...]

Doch woran liegt das? „Es ist zum einen unser Gehirn", erklärt Dunbar. „Bei 150 stoßen wir an eine Kapazitätsgrenze und können uns nicht mehr genau merken, wer die Leute sind, woher wir sie kennen, geschweige denn, was sie so alles tun, mögen und so weiter. Denn der zweite wichtige Faktor ist Zeit: Damit eine Freundschaft längere Zeit überdauert, müssen wir immer wieder Zeit miteinander verbringen, uns austauschen, erfahren, was bei dem anderen so los ist." Aber wie wichtig ist es, ob solche Treffen online oder in echt stattfinden? Der Freundschaftsforscher sagt, das sei bei den Geschlechtern verschieden. „Frauen sind kommunikativere Wesen, sie sind gut darin, eine Freundschaft über längere Zeit am Leben zu erhalten, auch wenn sie nur miteinander telefonieren oder chatten oder Mails schreiben", sagt Dunbar. „Aber Männer müssen sich ab und zu treffen, sich betrinken und ihre Köpfe gegen Bäume schlagen, wenn ihre Freundschaft sich nicht in Luft auflösen soll."

Doch auch wenn Dunbar vermutlich recht hat, so besteht die Alternative oft nicht zwischen „Treffe ich meine Freunde real oder virtuell?", sondern zwischen „Treffe ich meine Freunde virtuell oder gar nicht?". [...] Ist also ein Abend auf MeinVZ oder Facebook besser als ein Abendessen, das man für eine Handvoll Freunde gekocht hat und gemeinsam mit ihnen in angeregter Unterhaltung genießt? Sicher nicht. Hat man jeden Abend Zeit für ein solches Luxusprogramm? Eben. Und statt allein vor dem Fernseher zu sitzen, sind ein paar Nachrichten, die man online mit Freunden austauscht, sicher nicht die schlechteste Alternative.

Das Vorurteil, Menschen mit einem großen virtuellen Freundeskreis seien Sozialphobiker mit schlechter Haut, schlechter Frisur und schlechten Tischmanieren, die im „echten Leben" einfach keine Chance hätten, stimmt doppelt nicht: zum einen, weil mehrere Studien zeigen, dass Menschen, die online aufgeschlossen sind und viele Kontakte haben, auch in der Realität über einen größeren Freundeskreis verfügen. Zum Zweiten, weil selbst die im Internet geschlossenen Freundschaften sehr oft irgendwann in die Realität übertragen werden. Wer sich online über gemeinsame Interessen kennenlernt – und gemeinsame Interessen sind ein besserer Grundstein für Freundschaft als durch Zufall im selben Dorf geboren oder im selben Büro angeheuert worden zu sein –, will sich meist auch irgendwann von Angesicht zu Angesicht gegenübertreten. Fast immer stellt man dann fest, dass die andere Person in echt genauso lustig, klug oder interessant ist wie im Netz.

„Soziale Netzwerke machen unsozial"

	Quelle	Glaubwürdigkeit/Aktualität	Argumente (mit eigenen Worten und ggf. Schlussfolgerungen)	Zitate/Verweise auf Fakten
PRO	M ___			„durch soziale Netzwerke nehmen reale Beziehungen Schaden" (lt. Psychotherapeutin Kühne)
	M ___			
KONTRA	M ___		– Unterscheidung in ... → relevant für ...	„Bonding Capital" u. „Bridging Capital" (Putnam)
	M ___			

7. Werte die Diagramme (M3, M4) aus. Trage deine Ergebnisse mit eigenen Worten in die weißen Felder der Tabelle ein. Dabei kann die Zuordnung auch abhängig von deinen eigenen Erfahrungen sein.

M3 Gesprächskultur 2.0: Wie die digitale Welt unser Kommunikationsverhalten verändert (2010)

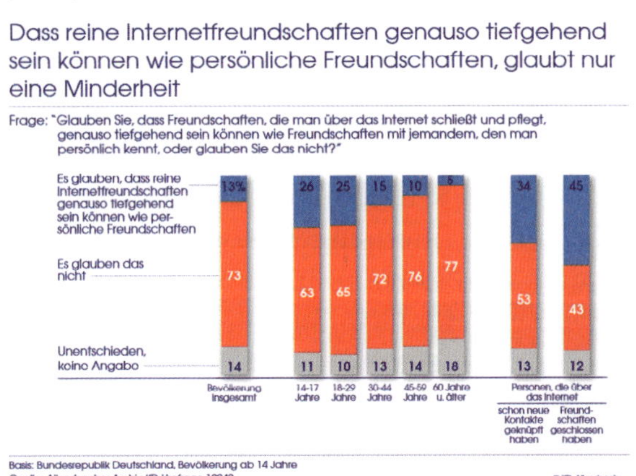

M4 JIM-Studie (2014)

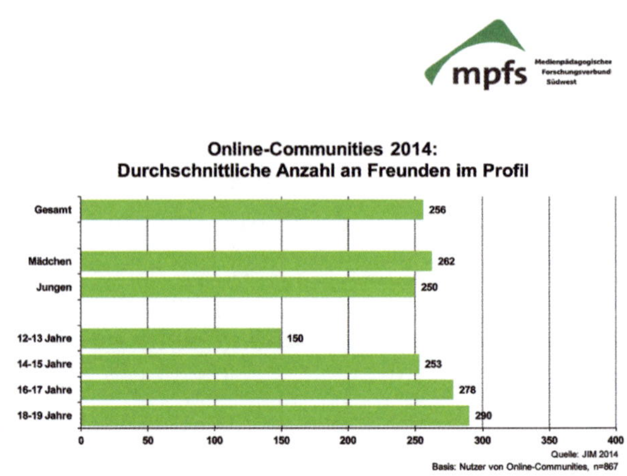

8. Verdeutliche deine eigene Position zu den gesammelten Argumenten in der Tabelle (S. 82) jeweils durch ein Symbol: zustimmend (!), ablehnend (–), fraglich (?).

9. Schreibe aus der Tabelle (S. 82) zusammenhängende Argumente heraus und nummeriere sie (1 = sehr wichtig, 2 = weniger wichtig, …).

10. Formuliere deine eigene begründete Position zu der Fragestellung „Machen soziale Netzwerke unsozial?“.

11. Ergänze den folgenden Schreibplan für eine Rede zur Frage „Machen soziale Netzwerke unsozial?“. Überlege dabei, wo und wie du eigenes Wissen einbringen kannst. Du kannst auch einen anderen Aufbau für die Rede wählen. Arbeite im Heft.

Einstieg:
– *situativer Aufhänger, mit dem sich Publikum identifizieren kann (Gleichaltrige!) …*
– *geeignetes Zitat: …*

Hauptteil:
Gegenseite: – *Argument 1 (stark): …*
→ *eigenes Wissens/Erfahrungen: …*
→ *Beispiele: …*
→ *…*
– *Argument 2 (schwächer): …*
Überleitung: …
Eigene Position: – *Argument 1 (schwach): …*
…
– *Argument 2 (stark): …*

Schluss: *eigene Position verdeutlichen, Rückbezug zum Einstieg, Appell: …*

sprachlicher Stil: *…*

Einen argumentierenden Text materialgestützt schreiben und überarbeiten

Schülerbuch S. 69 ■ Schreiben eines argumentierenden Textes

Der **sprachliche Stil**, in dem du deinen argumentierenden Text verfasst, richtet sich nach den **Adressaten** und der Art der **Veröffentlichung**. Die Leser sollten schon in der **Einleitung** „abgeholt" und **in die Thematik eingeführt** werden. Du kannst Interesse wecken durch ein aktuelles Ereignis, ein Zitat oder überraschende Fakten. Im **Hauptteil** stellst du den Sachverhalt dar und verdeutlichst deine **eigene Position** durch eine **überzeugende Argumentation**. Dabei gehst du auch auf die **Gegenseite** ein und beziehst dich auf Informationen aus den unterschiedlichen Materialien. Am **Schluss** gibst du ein **Resümee**, bekräftigst deine Position und kannst auch einen Appell formulieren.
Denke an eine **knappe**, zum Lesen anregende **Überschrift**.
Überarbeite abschließend deinen Text (sprachlicher Stil, Rechtschreibung und Grammatik, roter Faden).

1. Untersuche den sprachlichen Stil und die inhaltliche Gestaltung der folgenden Einleitung eines Zeitungskommentars. Notiere Stichpunkte am Rand.

nach Christoph Koch: Soziale Netzwerke – alle Freunde auf einen Klick (Ausschnitt, 2010)

Da haben die Leute dann 300 Freunde – wer soll das denn glauben?, empören sich die Kritiker von Online-Netzwerken wie Facebook […]. Das Internet zerstöre die wahre Freundschaft, behaupten Pessimisten wie der amerikanische Kulturkritiker William Deresiewicz. „Wir haben so viele Freunde im Internet, dass wir ein neues Wort für die echten brauchen", heißt es in der Werbekampagne einer Tageszeitung. Doch in Wirklichkeit sind das Internet und seine inzwischen 500 Millionen Menschen große Nation von Freunden namens Facebook nicht das Ende der Freundschaft – sondern eine Bereicherung. Mag sein, dass manch virtueller Austausch („Tolles Foto!" – „Danke, hat Tina auf Sardinien gemacht.") trivial erscheint – aber ist diese angebliche Oberflächlichkeit wirklich so schlimm? […]

2. Erläutere kurz, wodurch sich die Einleitung für eine Rede vor Gleichaltrigen von dieser Einleitung eines Zeitungskommentars unterscheiden sollte, und begründe.

3. Schreibe die Einleitung für eine Rede zu der Fragestellung „Machen soziale Netzwerke unsozial?“. Nutze deine Vorarbeiten aus diesem Kapitel.

4. Ordne die folgenden sprachlichen Gliederungssignale nach ihrer Funktion in die Tabelle ein und ergänze weitere Möglichkeiten. Orientiere dich an dem Beispiel.

zu dieser Erkenntnis gelangt auch | so wie … hat auch | unterstützt wird diese Aussage durch | ~~gerade weil~~ | zwar … aber | im Gegensatz zu | einerseits … andererseits | des Weiteren | zudem | ein weiteres wichtiges Argument

Unterstützung	Bekräftigung	Abgrenzung	Aufzählung	Abwägung
	gerade weil			

5. Verknüpfe die Aussagen auf den blauen Feldern und die Aussagen auf den grünen Feldern zu jeweils einer stichhaltigen Argumentation.
- Formuliere sie mit eigenen Worten aus und nutze sprachliche Gliederungssignale.
- Ergänze auch eigenes Wissen oder eigene Erfahrungen.

Messenger: für 70 Prozent der Kinder und Jugendlichen der am häufigsten genutzte Weg, um sich mit ihren Freunden auszutauschen. Persönliche Gespräche machen nur noch 66 Prozent aus. Telefonate per Festnetz liegen gerade noch bei 36 Prozent.
(Forsa-Studie, Kinder und Jugend 3.0, 2014)

Nutzung von Funktionen in Online-Communities

Nachrichten schicken 69 % (82 %)
Chatten 67 % (76 %)
Gefällt mir-Button 64 % (69 %)
Stöbern in Profilen anderer 37 % (44 %)
Nach Leuten / Kontakten suchen 22 % (21 %)
(JIM-Studie 2014)

„Ich finde es ganz schön peinlich, wenn man nur 50 Kontakte hat! Ganz ehrlich, das sagt doch alles – im echten Leben kennt der dann gar keinen. Muss ja ein komischer Typ sein – bloß die Finger von lassen!"
(Katharina, 16 Jahre)

6. Schreibe eine vollständige Rede zur Fragestellung „Machen soziale Netzwerke unsozial?". Nutze deine Vorarbeiten aus diesem Kapitel. Überarbeite deinen Text anschließend. Arbeite im Heft.

Das kannst du jetzt! – Klassenarbeitstraining ☆

Der Rechtschreibrats-Vorsitzende Zehetmair hat empfohlen, den Erwerb einer guten Sprach- und Rechtschreibkompetenz dadurch zu fördern und zu sichern, dass Jugendliche digitale Kommunikation erst ab 14 Jahren nutzen (vgl. M1, Z. 16 ff.).

1. Stelle aus dem vorliegenden Material (M1 – M3) stichpunktartig Informationen und Meinungen zum Sprachgebrauch in der digitalen Kommunikation zusammen.
2. Schreibe ausgehend von deinen Arbeitsergebnissen und unter Einbeziehung deiner persönlichen Erfahrungen einen inhaltlich und sprachlich eigenständigen Kommentar für die lokale Tageszeitung, in dem du über den Sprachgebrauch in der digitalen Kommunikation aufklärst und dich für oder gegen eine Umsetzung der Forderung Zehetmairs einsetzt.

M1 Nico Pointner: Rechtschreibrat – SMS und Twitter schaden der deutschen Sprache (2012)

Twitter und SMS gefährden nach Ansicht des Rechtschreibrats-Vorsitzenden Hans Zehetmair das deutsche Sprachgut. „Die deutsche Sprache wird immer weniger gepflegt", beklagte Zehetmair in einem Gespräch mit der Nachrichtenagentur dpa. Das Deutsche verarme in den neuen Medien zu einer „Recycling-Sprache", werde immer mehr verkürzt und vereinfacht und ohne Kreativität wiedergekäut.

Der Sprachverfall betreffe vor allem die junge Generation. Das Vokabular der Jugendlichen sei bei SMS und Twitter generell sehr simpel, die Rechtschreibung fehlerhaft. „Alles ist super, top, geil, aber nicht mehr authentisch", kritisierte Zehetmair. „Ich will die moderne Technik nicht verurteilen, aber die Jugend darf sich von der schwindelerregenden Entwicklung nicht vereinnahmen lassen."

Ebenso leide die Verständigung unter Mitmenschen, wenn jeder mit seinem Handy in der Ecke sitze und nicht mehr mit anderen spreche, sagte der ehemalige bayerische Kultusminister: „Einer SMS mangelt es an Gefühl und Herzlichkeit."

Auch die Anglizismen sind ihm ein Dorn im Auge: „Es hat nichts mit einem höheren Bildungsgrad zu tun, wenn man Wörter auf Englisch sagt, die man ebenso auch auf Deutsch formulieren könnte." (Anmerkung: „Recycling" ist kein deutsches Wort.)

iPad, Twitter und das Kurzmitteilungsprogramm WhatsApp sollten Kinder daher erst benutzen, wenn sie schon gefestigte Deutsch-Kenntnisse hätten – unter 14 Jahren sind diese Kommunikationsmittel nach Ansicht Zehetmairs entbehrlich. „Wenn man stundenlang vor dem iPad sitzt, färbt das eben ab."

Der Vorsitzende des Rats für deutsche Rechtschreibung rief dazu auf, gutes Deutsch zu pflegen und wieder lebendig zu machen: „Wir müssen wieder um Worte ringen", so Zehetmair. „Wenn ein Arzt keine Operationen mehr durchführt, verlernt er sein Handwerk und der Patient leidet. Wenn man nur noch verkürzt kommuniziert, leidet die Sprache." Sprache dürfe kein „dürres Gerippe" sein, sondern müsse „als Schmuckstück gebraucht werden, mit Adjektiven verziert".

Kinder sollten wieder mehr Gedichte lernen und Bücher lesen, um die Schönheit der Sprache zu erleben, forderte Zehetmair, der auch Vorsitzender der CSU-nahen Hanns-Seidel-Stiftung in München ist. Gefragt seien die Eltern als Vorbilder: „Die Eltern müssen ihre Kinder dafür gewinnen, wieder ein Buch zu lesen – dafür müssen sie selber lesen, und ich meine nicht die Bild-Zeitung".

M2 nach Astrid Herbold: Kommunikation – Chats belegen das Gegenteil von Sprachverfall (2013)

[…] Alle haben allen etwas mitzuteilen, ständig, dauernd, überall. Über WhatsApp werden stündlich 41 Millionen Mitteilungen verschickt. 100 Millionen Menschen sind weltweit bei Twitter angemeldet. Facebook hat gerade die Milliardenmarke geknackt. Und selbst die SMS ist beliebt wie nie: 55 Milliarden Botschaften verschickten allein deutsche Nutzer im letzten Jahr. Das entsprach laut Bundesnetzagentur einer Steigerung von dreißig Prozent im Vergleich zum Vorjahr.

Es ist, als habe die Menschheit das Schreiben neu entdeckt. Und als hätte sie dabei vor lauter Begeisterung die genormte Schriftsprache über Bord geworfen.

Kleinschreibung, Abkürzungen, fehlende Artikel und verkürzte Syntax zeichnen die schriftlichen Unterhaltungen aus, geschmückt sind die Dialoge dafür mit grinsenden Gesichtern oder auf der Seite liegenden Gefühlsbekundungen. Ich schenk dir mein Herz – das schreibt man jetzt so: <3.

Müssen Lehrer, Ausbilder, Bildungsbürger sich Sorgen machen?

Bislang gibt es keine einzige Studie, die den oft vermuteten Sprachverfall beweisen würde. Dabei ist die Internetkommunikation gut erforscht. Ende der 1990er Jahre begannen erste Sprachwissenschaftler sich für das komische Geschreibsel in den anonymen Chatforen zu interessieren.

[…]

Unter die Lupe haben die Linguisten im letzten Jahrzehnt so ziemlich alles genommen: Was passiert mit der Satzstellung, was mit den Zeitformen, was mit der Rechtschreibung? Welche Rolle spielen Inflektive, also endungslose Verben wie *heul* oder *tröst*? Wann und wozu werden lachende, zwinkernde oder weinende Smileys – die sogenannten Emoticons – eingesetzt? „Eine Zeit lang ging man davon aus, dass in der Chatkommunikation im Gegensatz zum mündlichen Gespräch etwas fehlt“, erklärt Georg Albert von der Universität Landau, „und dass diese fehlende Verständigungsebene von den Nutzern unter anderem mit Emoticons aufgefüllt werden müsse.“ Aber ganz so eindeutig, meint der Wissenschaftler, sei die Sache nicht. Smileys und Konsorten führen längst ein ästhetisches Eigenleben.

[…]

Vielen Nutzern macht das Experimentieren mit den Buchstaben und Zeichen schlicht Spaß. „Da wird Kreativität mit der Tastatur ausgelebt“, sagt Albert. Von wilder Regellosigkeit kann trotzdem keine Rede sein. „Ihre jeweiligen Konventionen handeln die verschiedenen sozialen Gruppen permanent neu aus.“ Jeder Ort im Netz hat andere Gepflogenheiten, jede Gruppe ihre eigenen Codes und Vorlieben. Und diese Moden kommen und gehen. Was alle benutzen, wird langweilig. Stilmittel wie *grins* gelten heute als altbacken, seit zwei, drei Jahren sind die Sternchen-Ausdrücke größtenteils verschwunden.

Andere Trends sind langlebiger. In E-Mails hat sich die Kleinschreibung ausgebreitet. Bei Twitter weist man sich gerne mit Hashtags („Stichworten“) wie #omg („Oh mein Gott“) oder #hach („Hach“) als erfahrener Internetsprecher aus. Im Facebook-Chat unter Schülern sind Smileys auch dreißig Jahre nach der Erfindung des Zeichens sehr beliebt. „Die Schreibenden setzen Markierungen, wie sie einen Text verstanden wissen wollen“, so Albert. Wo bin ich, mit wem und wozu, das alles spielt bei der jeweiligen sprachlichen Performance eine Rolle.

„Die Schriftsprache differenziert sich zunehmend aus“, erklärt Beate Henn-Memmesheimer, Linguistikprofessorin an der Universität Mannheim. Die meisten Nutzer wechseln mühelos zwischen unterschiedlichen Stilen und Schreibweisen hin und her. Morgens im Büro korrektes Hochdeutsch, nachmittags auf Twitter kurzsilbige Pointen, abends im Chat schluderiger Redeschwall. „Man könnte deshalb sogar von einer gestiegenen Schriftkompetenz sprechen“, so Henn-Memmesheimer. Mal wird mehr, mal weniger regelkonform geschrieben, je nachdem, was die Nutzer in der jeweiligen Situation als angemessen empfinden.

[…]

M3 Statistische Darstellung und Grafik „Beliebte Abkürzungen“

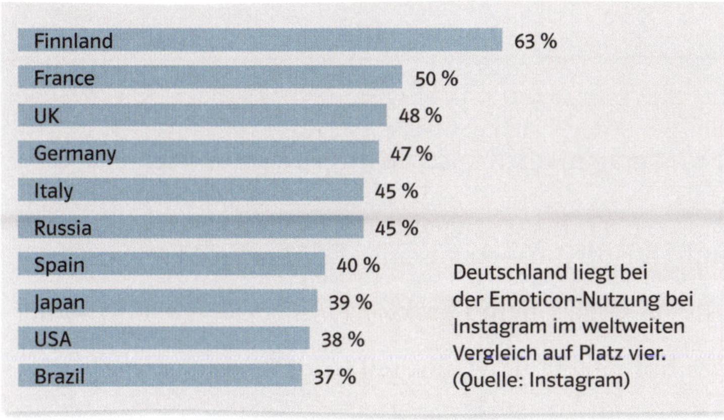

1. Analysiere die Aufgabenstellung (S. 87) genau.
- Gib dazu Zehetmairs Aussage mit eigenen Worten wieder.

- Notiere Stichpunkte zu den Anforderungen, die sich durch die geforderte Textsorte ergeben.

2. Erstelle eine Stoffsammlung mit eigenen Beispielen zum Thema Sprachgebrauch in der digitalen Kommunikation. Berücksichtige dabei auch folgende Fragen:
- Welche Abkürzungen, Emoticons usw. werden häufig verwendet?
- Wo weicht die Kommunikation von standardsprachlichen Regeln ab?
- Wie beurteilst du diese Abweichungen? Begründe stichpunktartig.

Arbeite im Heft.

3. Beeinflusst das gehäufte digitale Kommunizieren deiner Erfahrung nach die schulisch geforderte Schreibkompetenz und damit den schulischen Erfolg? Formuliere eine These und eine Gegenthese zu dieser Frage.

These:

Gegenthese:

4. Werte die Materialien (M1 – M3) gemäß den Vorgaben der Aufgabenstellung (S. 87) aus. Ordne die Ergebnisse in einer Tabelle mit Pro- und Kontra-Argumenten. Arbeite im Heft.

5. Erstelle einen Schreibplan, verfasse den geforderten Kommentar für die Tageszeitung und überarbeite diesen anschließend. Arbeite im Heft.

EXTRA: Üben – Sprachtraining

Häufige Grammatikfehler vermeiden

1. Lies den folgenden Text. Die markierten Wörter sind grammatisch falsch. Korrigiere sie und schreibe die richtigen Formen in Klammern.

Rund 2400 junge Menschen zwischen 12 und 18 Jahren haben an einer Befragung Manfred Beutels, einem (__________) renommierten Psychologen, dem Direktor (__________) der Klinik für Psychosomatische Medizin und Psychotherapie in Mainz, teilgenommen.
Nur ein relativ geringer Teil der Befragten neigen (__________) zu einer suchtartigen Nutzung des Internets. Beutel orientiert sich dabei an den Suchtkriterien der amerikanischen psychiatrischen Vereinigung, zum Beispiel der ausufernde (__________) Gebrauch: Kann man es (__________) eingrenzen oder ist man länger online als man vorhatte? Führt der erste Gang zum Computer? Und gibt es schädliche Folgen? Schlechte Schulnoten und Streit mit den Eltern zählt (__________) oft dazu.

2. Gib den folgenden Textabschnitt in der indirekten Rede wieder. Arbeite im Heft.

„Die vorwiegend soziale Nutzung der Internets geht zunächst einher mit mehr Vertrauen und Kommunikation", sagt der Psychologe Beutel, „dennoch: Bei süchtigen Jugendlichen treten auch negative Wirkungen auf. Reale Kontakte werden vernachlässigt."
Der Mediziner Veit Rößner, Klinikdirektor in Dresden, benennt Vorteile. „Unsere Arbeitswelt verändert sich immer mehr zum schnellen Multitasking und zur Computernutzung", sagt er, „Feinmotorik der Hand, Aufmerksamkeitsleistung oder räumliche Wahrnehmung – Computerspieler sind da häufig gut trainiert. Auf der anderen Seite vermag man das Soziale nur näherungsweise erlernen. Man kann schließlich auch nicht online küssen."

3. Setze das richtige Fragewort ein und beantworte die Fragen mit je einem Satz. Nutze die Vorgaben.

a) __________ liefern die Autoren den Beweis?

____

b) __________ werden Meinungen ausgetauscht?

____

c) __________ sieht der Forscher eine echte Gefahr?

____

d) __________ sind laut Studie Hunderte Freunde auf Facebook nicht zu vergleichen?

____

für den Boom der sozialen Netze

in der unbegrenzten Nutzung des Internets

mit echter Freundschaft

über die Internetabhängigkeit

4. **Forme die Satzgefüge um, indem du die Häufung der Konjunktionen auflöst. Orientiere dich am Beispiel.**

a) Die Psychotherapeutin behauptet, dass weil echte Beziehungen durch soziale Netzwerke Schaden nehmen, Vereinsamung und Entfremdung durch ausufernden Internetgebrauch gefördert werden.

Die Psychotherapeutin behauptet, dass Vereinsamung und Entfremdung durch ausufernden Internetgebrauch gefördert werden, weil echte Beziehungen durch soziale Netzwerke Schaden nehmen.

b) Die Expertin unterstreicht, dass da Online-Konversationen lediglich Formen der passiven Kommunikation sind, Nähe und Verbindlichkeit bei ausschließlichen Netzkontakten verlorengehen.

____

c) Der Sozialwissenschaftler befürchtet, dass wenn die Menschen die meiste Zeit des Tages allein in dunklen Räumen vor dem Computer sitzen, psychische Krankheiten zunehmen.

____

5. **Setze die Wörter in Klammern in den richtigen Kasus. Orientiere dich an dem Beispiel.**

a) (Das Ergebnis) *Dem Ergebnis* der Befragung zufolge müssen virtuelle Freundschaften kritisch gesehen werden.

b) Die Untersuchungsergebnisse stimmen gemäß (die Erwartungen) ________ nachdenklich.

c) Laut (die renommierten Forscher) ________ haben Jugendliche, die häufig online unterwegs sind, eine schlechtere Bindung zu ihren Freunden.

e) Entsprechend (die Aussagen) ________ des Mediziners steht fest, dass es sich mit realen Freunden besser und gesünder lebt.

f) Trotz (die Warnungen) ________ von Psychologen verbringen einige Jugendliche einen großen Teil ihrer Freizeit im Internet.

6. **Lies die Wortgruppen und korrigiere falsche Wortbildungen. Orientiere dich an dem Beispiel.**

die ~~größtmöglichste~~ Zahl von Freunden besitzen

größtmögliche

die optimalste Art des Kommunizierens bevorzugen

____

private Dinge in keinster Weise preisgeben

____

die einzigste Langzeitstudie veröffentlichen

____

Lernspiegel

Der Lernspiegel hilft dir, die selbstständige Arbeit mit diesem Heft zu organisieren. Am Anfang steht, was in den Kapiteln von dir verlangt wird. Unter „Einschätzung“ kreuzt du das Ergebnis an, das du bei der Bearbeitung der Aufgaben erzielt hast. Sind dir Aufgaben noch nicht so gut oder gar nicht gelungen (😐 und ☹), dann folge den Verweisen in der letzten Spalte.

Einen literarischen Text schriftlich interpretieren

Einen epischen Text schriftlich interpretieren

Ich kann ...	Einschätzung	Wiederholung
eine Kurzgeschichte in Sinnabschnitte gliedern. – S. 6, A1; S. 7, A6	☺ 😐 ☹	Schülerbuch S. 267
Fragen zum Inhalt einer Kurzgeschichte beantworten und den Inhalt zusammenfassen. – S. 6, A2/A3; S. 7, A7	☺ 😐 ☹	Schülerbuch S. 230, 232, 267
das Thema einer Kurzgeschichte sowie eine Deutungshypothese formulieren. – S. 6, A4	☺ 😐 ☹	Schülerbuch S. 239
die Figuren und die Figurenkonstellation einer Kurzgeschichte untersuchen. – S. 7, A8/A9	☺ 😐 ☹	Schülerbuch S. 230, 267, 270
die Erzählperspektive in einer Kurzgeschichte untersuchen. – S. 8, A10/A11	☺ 😐 ☹	Schülerbuch S. 269
sprachliche Mittel in einer Kurzgeschichte untersuchen. – S. 8 A12/A13/A14; S. 9, A15	☺ 😐 ☹	Schülerbuch S. 238, 268
Zusammenhänge zwischen Sprache und Inhalt einer Kurzgeschichte erkennen. – S. 9, A16	☺ 😐 ☹	Schülerbuch S. 238 f.
Merkmale einer Kurzgeschichte nennen. – S. 9, A17	☺ 😐 ☹	Schülerbuch S. 268
eine Kurzgeschichte interpretieren. – S. 9, A18	☺ 😐 ☹	Schülerbuch S. 240
Merkmale einer Parabel auf einen Text anwenden. – S. 9, A1; S. 10, A2/A3/A5; S. 11, A12; S. 14, A24	☺ 😐 ☹	Schülerbuch S. 268
Thema und Deutungshypothese zu einer Parabel formulieren. – S. 10, A4; S. 11, A10/A11; S. 14, A20	☺ 😐 ☹	Schülerbuch S. 239
Zusammenhänge zwischen Sprache und Inhalt einer Parabel erkennen. – S. 11, A7/A8/A9/A13; S. 14, A21/A23	☺ 😐 ☹	Schülerbuch S. 238 f.
den Inhalt einer Parabel zusammenfassen. – S. 13, A16	☺ 😐 ☹	Schülerbuch S. 268
die Figuren und die Figurenkonstellation einer Parabel untersuchen. – S. 13, A17/A18/A19; S. 14, A22	☺ 😐 ☹	Schülerbuch S. 267, 270
eine Parabel analysieren und interpretieren. – S. 10, A6; S. 12, A14; S. 14, A24	☺ 😐 ☹	Schülerbuch S. 240, 268

Einen dramatischen Text schriftlich interpretieren

Ich kann ...	Einschätzung	Wiederholung
den Inhalt einer Dramenszene zusammenfassen. – S. 19, A1	☺ 😐 ☹	Schülerbuch S. 244
den äußeren Konflikt in einer Dramenszene erkennen. – S. 20, A2; S. 22, A7	☺ 😐 ☹	Schülerbuch S. 244 f.
eine Dramenszene in den Handlungsverlauf einordnen. – S. 20, A3	☺ 😐 ☹	Schülerbuch S. 276
den inneren Konflikt in einer Dramenszene untersuchen. – S. 21, A4/A5/A6	☺ 😐 ☹	Schülerbuch S. 278
Interpretationsansätze aus einer Dramenszene ableiten und beurteilen. – S. 23, A8/A9; S. 27, A5	☺ 😐 ☹	Schülerbuch S. 244
textexterne Materialien aspektorientiert auswerten. – S. 24, A10	☺ 😐 ☹	Schülerbuch S. 244
eine Deutungshypothese zu einer Dramenszene formulieren. – S. 24, A11	☺ 😐 ☹	Schülerbuch S. 245
die Figuren und die Figurenkonstellation einer Dramenszene untersuchen. – S. 28, A5/A7/A8	☺ 😐 ☹	Schülerbuch S. 230, 277 f.
das Verhalten einer Figur bewerten. – S. 28, A6/A9	☺ 😐 ☹	Schülerbuch S. 277 f.
eine Figur schriftlich charakterisieren. – S. 28, A10	☺ 😐 ☹	Schülerbuch S. 277 f.
Zusammenhänge zwischen Sprache und Inhalt in einer Dramenszene erkennen. – S. 27, A4	☺ 😐 ☹	Schülerbuch S. 244 f., 278 f.
eine Dramenszene analysieren und aspektorientiert interpretieren. – S. 24, A12	☺ 😐 ☹	Schülerbuch S. 246

Einen lyrischen Text schriftlich interpretieren

Ich kann ...	Einschätzung	Wiederholung
Gedichte aspektorientiert vergleichen. – S. 34, A2	☺ 😐 ☹	Schülerbuch S. 272
eine Schülerinterpretation eigenständig fortsetzen. – S. 35, A3	☺ 😐 ☹	Schülerbuch S. 243
Einleitungen zu Schülerinterpretationen beurteilen. – S. 36, A4	☺ 😐 ☹	Schülerbuch S. 242
die Bedeutung einer Gedichtaussage beurteilen. – S. 36, A5	☺ 😐 ☹	Schülerbuch S. 272
den Inhalt eines Gedichts zusammenfassen. – S. 36, A6; S. 40, A3	☺ 😐 ☹	Schülerbuch S. 272
die Gestaltung eines Gedichts beschreiben und beurteilen. – S. 36, A7; S. 38, A13/A14; S. 39, A2; S. 40, A6	☺ 😐 ☹	Schülerbuch S. 273 f.
eine Schülerinterpretation beurteilen und überarbeiten. – S. 36, A8; S. 37, A9	☺ 😐 ☹	Schülerbuch S. 243
einen Schreibplan für eine Gedichtinterpretation erstellen. – S. 37, A10	☺ 😐 ☹	Schülerbuch S. 242
eine Deutungshypothese zu einem Gedicht formulieren. – S. 38, A12; S. 39 A1	☺ 😐 ☹	Schülerbuch S. 242
textexterne Aspekte in die Gedichtinterpretation einfließen lassen. – S. 38, A 15/A16; S. 40, A4/A5/A8	☺ 😐 ☹	Schülerbuch S. 242, 272
ein Gedicht für den Vortrag markieren. – S. 38, A17	☺ 😐 ☹	Schülerbuch S. 274
Zusammenhänge zwischen Sprache und Inhalt eines Gedichts erkennen. – S. 40, A7	☺ 😐 ☹	Schülerbuch S. 273 f.
ein Gedicht schriftlich interpretieren. – S. 37, A11	☺ 😐 ☹	Schülerbuch S. 243

Schriftlich erörtern

Eine textgebundene Erörterung verfassen

Ich kann ...	Einschätzung	Wiederholung
den Aufbau eines Textes erkennen und beschreiben. – S. 46, A1; S. 52, A7; S. 53, A9	☺ 😐 ☹	Schülerbuch S. 230, 232, 248
sprachliche Gestaltungsmittel eines Textes erkennen. – S. 47, A2/A3	☺ 😐 ☹	Schülerbuch S. 248
die Verfasserabsicht aus einem Text erschließen. – S. 47, A4	☺ 😐 ☹	Schülerbuch S. 232, 248
zu einem Text eigene Pro- und Kontra-Argumente finden. – S. 48, A1	☺ 😐 ☹	Schülerbuch S. 249, 251
Argumente bewerten und strukturieren. – S. 48, A2	☺ 😐 ☹	Schülerbuch S. 249, 251
zu einem strittigen Thema eine These formulieren. – S. 49, A3	☺ 😐 ☹	Schülerbuch S. 248
eine Gliederung für eine Erörterung erstellen. – S. 49, A4	☺ 😐 ☹	Schülerbuch S. 249, 252 f.
Einleitungen zu Schülererörterungen beurteilen. – S. 49, A1	☺ 😐 ☹	Schülerbuch S. 250
eine Einleitung für eine textgebundene Erörterung schreiben. – S. 49, A2	☺ 😐 ☹	Schülerbuch S. 249 f.
Auszüge aus Schülererörterungen ordnen und beurteilen. – S. 50, A3	☺ 😐 ☹	Schülerbuch S. 250
eine Textanalyse verfassen. – S. 50, A4	☺ 😐 ☹	Schülerbuch S. 248 f.
Überleitungen aus Schülererörterungen beurteilen. – S. 51, A5	☺ 😐 ☹	Schülerbuch S. 250
eine Überleitung von der Textanalyse zur Erörterung formulieren. – S. 51, A6	☺ 😐 ☹	Schülerbuch S. 249 f.
eine textgebundene Erörterung verfassen. – S. 53, A8/A10	☺ 😐 ☹	Schülerbuch S. 248 ff.

Ein Thema antithetisch erörtern

Ich kann ...	Einschätzung	Wiederholung
zu einem Thema eine These und eine Gegenthese formulieren. – S. 58, A1	☺ 😐 ☹	Schülerbuch S. 251
die Argumentationsstruktur in einem Text erkennen. – S. 59, A2	☺ 😐 ☹	Schülerbuch S. 248
zu einem Thema Material auswerten. – S. 59, A1; S. 60, A2	☺ 😐 ☹	Schülerbuch S. 256
zu einer These Argumente finden und gewichten. – S. 60, A3/A4	☺ 😐 ☹	Schülerbuch S. 251, 258
eine Gliederung für eine antithetische Erörterung erstellen. – S. 60, A5	☺ 😐 ☹	Schülerbuch S. 252 f.
Einleitungen zu Schülererörterungen beurteilen. – S. 61, A1/A2	☺ 😐 ☹	Schülerbuch S. 252 f.
eine Einleitung für eine antithetische Erörterung schreiben. – S. 61, A3	☺ 😐 ☹	Schülerbuch S. 252 f.
eine Überleitung und einen Hauptteil für eine antithetische Erörterung verfassen. – S. 62, A4/A5	☺ 😐 ☹	Schülerbuch S. 252 f.
einen Schluss für eine antithetische Erörterung schreiben. – S. 62, A6/A7	☺ 😐 ☹	Schülerbuch S. 252 f.
eine antithetische Erörterung schreiben und überarbeiten. – S. 62, A8	☺ 😐 ☹	Schülerbuch S. 251 ff.

Materialgestütztes Schreiben

Materialgestütztes Schreiben eines informierenden Textes

Ich kann ...	Einschätzung	Wiederholung
ein Thema sachlich formulieren. – S. 66, A1	☺ 😐 ☹	Schülerbuch S. 234, 260
eine komplexe Aufgabenstellung analysieren. – S. 66, A2	☺ 😐 ☹	Schülerbuch S. 232
eine geeignete Überschrift begründet auswählen. – S. 67, A3	☺ 😐 ☹	Schülerbuch S. 232
Materialien für einen informierenden Text auswerten. – S. 67, A4; S. 70, A5	☺ 😐 ☹	Schülerbuch S. 232, 234 f., 260
einen Schreibplan für einen informierenden Text erstellen. – S. 70, A6	☺ 😐 ☹	Schülerbuch S. 260
eine Einleitung zu einem informierenden Schülertext beurteilen und überarbeiten. – S. 71, A1/A2	☺ 😐 ☹	Schülerbuch S. 261
einen informierenden Schülertext eigenständig fortsetzen. – S. 71, A3	☺ 😐 ☹	Schülerbuch S. 261
materialgestützt einen informierenden Text verfassen. – S. 72, A4/A5	☺ 😐 ☹	Schülerbuch S. 260 f.

Materialgestütztes Schreiben eines argumentierenden Textes

Ich kann ...	Einschätzung	Wiederholung
eine geeignete Überschrift begründet auswählen. – S. 78, A1	☺ 😐 ☹	Schülerbuch S. 232, 256
eine Mindmap zu einem Thema erstellen. – S. 79, A2	☺ 😐 ☹	Schülerbuch S. 228, 251
eine komplexe Aufgabenstellung analysieren. – S. 79, A4	☺ 😐 ☹	Schülerbuch S. 232
zu einem Thema eine These und eine Gegenthese formulieren. – S. 80, A5	☺ 😐 ☹	Schülerbuch S. 251, 256
Materialien für einen argumentierenden Text auswerten. – S. 80, A6; S. 82, A7	☺ 😐 ☹	Schülerbuch S. 232, 234, 255 ff.
Argumente für einen argumentierenden Text strukturieren. – S. 83, A8/A9	☺ 😐 ☹	Schülerbuch S. 257 f.
die eigene Position zu einem Thema begründet formulieren. – S. 83, A10	☺ 😐 ☹	Schülerbuch S. 251, 257 f.
einen Schreibplan für eine Rede erstellen. – S. 83, A11	☺ 😐 ☹	Schülerbuch S. 257, 265
einen Kommentar sprachlich und inhaltlich untersuchen. – S. 84, A1	☺ 😐 ☹	Schülerbuch S. 259
Unterschiede zwischen Rede und Kommentar erkennen. – S. 84, A2	☺ 😐 ☹	Schülerbuch S. 259, 265
eine Einleitung für eine Rede schreiben. – S. 85, A3	☺ 😐 ☹	Schülerbuch S. 258
Funktionen von sprachlichen Gliederungssignalen erkennen. – S. 85, A4	☺ 😐 ☹	Schülerbuch S. 259, 265, 290
eine stichhaltige Argumentation ausformulieren. – S. 86, A5	☺ 😐 ☹	Schülerbuch S. 251 f., 259, 265
eine argumentierende Rede verfassen und überarbeiten. – S. 86, A6	☺ 😐 ☹	Schülerbuch S. 258 ff., 265

Text- und Bildquellennachweis

Textquellen

S. 4 ff.: aus: Wolfgang Borchert, Das Gesamtwerk. © 1949 by Rowohlt Verlag, Hamburg; **S. 9/10:** aus: Bertolt Brecht: Geschichten von Herrn Keuner (1971), Suhrkamp Taschenbuch; **S. 12:** aus: Christa Reinig: Scorpius Skorpion; aus: Christa Reinig: Gesammelte Erzählungen. Luchterhand, Darmstadt/Neuwied 1986, S. 136 f.; **S. 15:** aus: Günter Kunert: Der Mittelpunkt der Erde (1975), Berlin: Eulenspiegel Verlag, S. 110 f.; **S. 16:** nach: M. Giachino: Wolfgang Borchert: Nachts schlafen die Ratten doch. Interpretation https://www.uni-due.de/literaturwissenschaft-aktiv/nullpunkt/pdf/borchert_ratten.pdf, 11.11.2015; aus: Wolfgang Borchert, Das Gesamtwerk. © 1949 by Rowohlt Verlag, Hamburg; **S. 18 f./22:** aus: Friedrich Schiller: Schillers Sämmtliche Werke (1879), Bd. 1, Stuttgart: J. G. Cotta´sche Buchhandlung, nach: Projekt Gutenberg DE, http://gutenberg.spiegel.de/buch/kabale-und-liebe-3317/1; **S. 23:** aus: Herrmann, Hans Peter/Herrmann, Martina: Friedrich Schiller. Kabale und Liebe. Grundlagen und Gedanken zum Verständnis des Dramas. Verlag Moritz Diesterweg, Frankfurt am Main 1991, S. 41; **S. 24:** aus: Müller, Hans Georg: Lektürehilfen. Friedrich Schiller „Kabale und Liebe". Stuttgart, Dresden: Ernst Klett Verlag, 5. Auflage 1994, S. 76; **S. 25 ff.:** aus: Gerhart Hauptmann: Der Biberpelz. Centenar-Ausgabe zum hundertsten Geburtstag des Dichters, 15. November 1962. Hrsg. v. Hans-Egon Haas. Band I. Dramen. Propyläen Verlag. © Frankfurt a. M./Berlin: Ullstein Verlag GmbH, 1966, S. 481-54; **S. 29:** aus. Friedrich Dürrenmatt: Der Besuch der alten Dame. Eine tragische Komödie, Neufassung 1980. Zürich: Verlag der Arche 1980; **S. 30:** aus: Schiller, Friedrich: Die Schaubühne als moralische Anstalt betrachtet. (1784); **S. 32 f.:** aus: Jürgen Schwarz: Schiller auf der Karlsschule in Stuttgart (1773-1780), https://www.lmz-bw.de/fileadmin/user_upload/Medienbildung_MCO/fileadmin/bibliothek/schwarz_juergen_schiller/schwarz_schiller.pdf (02.02.2016), Quelle dort: Jürgen Schwarz: Schiller kennen lernen. Lichtenau 2004, S. 6–9; **S. 34:** aus: Ulla Hahn: Gesammelte Gedicht (2013), München: dva, S. 21; aus: Heinz Nicolai (Hrsg.): Goethes Gedichte in zeitlicher Folge (1982), Frankfurt a. M: Insel Verlag, S. 85 f.; **S. 37:** unter: Poetry slam forum – Abschied | MySlam.net (deutsch), unter: www.myslam.net/de/post/7369, Abruf: 12.02.2016; **S. 38:** unter: www.myslam.net/de/slam-poet/1302/Axel%20Schröder; **S. 39:** aus: Doris Runge: Jagdlied, Gedichte (1985), Stuttgart: dva, S. 28; **S. 41:** aus: A. Kolleritsch: Augenlust. Gedichte (1986), Salzburg/Wien: Residenz Verlag, S. 58; Rezension zu A. Kolleritsch, unter: http://www.faz.net/aktuell/feuilleton/buecher/rezensionen/belletristik/rezension-belletristik-der-dichter-bleibt-auf-distanz-132880.html, Abruf: 12.02.2016; **S. 44 f.:** aus: Zeit online 8.8.2011: http://www.zeit.de/digital/datenschutz/2011-08/friedrich-anonymitaet-internet; **S. 54 f.:** unter: https://causa.tagesspiegel.de/der-abwehrkampf-gegen-die-moderne.html (07.04.2016); **S. 59:** unter: http://www.mdr.de/mdr-info/wahlrecht-thueringen100.html (07.04.2016); **S. 65:** Pro-Argumente: nach: http://www.waehlenab16-bw.de/proundcontra.html; **S. 67 f.:** unter: http://www.sueddeutsche.de/wissen/pubertaet-grossbaustelle-gehirn-1.1833081 (07.06.2016); **S. 68:** Willenbrock, Harald: Vorsicht: Umbauarbeiten! In: GEOwissen Nr. 41, 2008, S. 27, S. 30, S. 31; **S. 69:** unter: http://www.aerzteblatt.de/archiv/142822/Erwachsenwerden-ist-schwer-Psychische-Stoerungen-in-der-Adoleszenz, PP 12, Ausgabe Juli 2013, S. 322; **S. 70:** unter: http://www.welt.de/icon/article124407224/Zehn-Gebote-fuer-den-Umgang-mit-schwierigen-Teenagern.html; **S. 71:** Süddeutsche.de Wissen 2014 Pubertät – Großbaustelle Gehirn, unter: http://www.sueddeutsche.de/wissen/pubertaet-grossbaustelle-gehirn, S.2; Meldung der Gadebusch-Rehnaer Zeitung, 14. März 2014 (Auszug): Verkehr: Leichtsinn, Drogen, Alkohol, in: Gadebusch-Rehnaer Zeitung, 14. März 2014, unter: www.svz.de, Lokales Gadebusch-Rehnaer Zeitung; **S. 73:** aus: Roth, Gerhard: Fühlen, Denken, Handeln – Wie das Gehirn unser Handeln steuert, Suhrkamp 2008/9, S.385–386; **S. 73 f.:** aus: Geokompakt Nr. 32, Gruner+Jahr Hamburg 2012, S. 53–55; **S. 74:** aus: Geokompakt Nr. 32, Gruner+Jahr Hamburg 2012, S. 102; **S. 75:** aus: Geokompakt Nr. 32, Gruner+Jahr Hamburg 2012, S 136, S. 92 f.; **S. 76 f.:** nach: Ute Eberle: Warum Teenager so hirnrissig sind. In: bild der wissenschaft (2006), S. 30 ff.; **S. 80:** nach Isabella Alt: unter: http://www.focus.de/gesundheit/news/focus-titel-facebook-schadet-der-echten-freundschaft_aid_789545.html; **S. 80 f./84:** nach Christoph Koch: unter: http://www.zeit.de/digital/internet/2010-08/soziale-netzwerke-freunde; **S. 86:** in: Messaging: Whatsapp für Jugendliche wichtiger als Gespräche, unter: http://www.golem.de/news/messaging-whatsapp-fuer-jugendliche-wichtiger-als-gespraeche-1409-109062.html (07.04.2016); aus: JIM-Studie, unter: http://www.mpfs.de/fileadmin/JIM-pdf14/JIM14_29.pdf; **S. 87:** unter: http://www.augsburger-allgemeine.de/digital/Rechtschreibrat-SMS-und-Twitter-schaden-der-deutschen-Sprache-id23226156.html; **S. 88:** Zeit-online, 14.01.2013, unter: http://www.zeit.de/digital/internet/2013-01/chat-sprache-forschung/seite-2

Bildquellen

Cover.U1 links: Imago (gezett), Berlin; **Cover.U1 rechts:** Interfoto (picturedesk. com/ÖNB/Bauer, Josef Anton), München; **Cover.U4 links:** Theater an der Ruhr (A. Köhring), Mülheim a. d. Ruhr; **Cover.U4 rechts:** gemeinfrei; **22:** Picture-Alliance (dpa), Frankfurt; **25:** Picture-Alliance (dpa/Erich Braunsperger), Frankfurt; **26:** toonpool.com (dpa/Erich Braunsperger), Berlin; **29:** Friedrich Dürrenmatt, Der Besuch der alten Dame © Diogenes Verlag AG, Zürich; **32:** Interfoto, München; **33:** Ullstein Bild GmbH, Berlin; **39:** shutterstock.com (Lindasj22), New York, NY; **59:** Quelle: Landesjugendring Brandenburg e.V./medienlabor GmbH; **78:** shutterstock.com (fototip), New York, NY; **82:** Institut für Demoskopie, Allensbach; JIM-Studie 2014, Medienpädagogischer Forschungsverbund Südwest, www.mpfs.de; **86:** toonpool.com (fragocomics), Berlin; **89:** Fotolia.com(babimu), NewYork

Lösungen Arbeitsheft deutsch.kompetent 10

Einen literarischen Text schriftlich inerpretieren

Einen epischen Text schriftlich interpretieren

Kurzprosa analysieren und interpretieren

Seite 6

1. z. B. Eine trostlose Gegend – Begegnung mit einem alten Mann – Jürgen passt auf etwas auf – Der alte Mann weckt Jürgens Interesse – Die Kaninchen – Jürgen hat Angst vor den Ratten – Der tote Bruder – Notlügen – Ein eigenes Kaninchen? – Hoffnung

2. *Woran ist zu erkennen, dass Borcherts Erzählung in der Nachkriegszeit spielt?* – „hohles Fenster" (d. h. ohne Scheiben; Z. 1); „vereinsamte Mauer" (die anderen wurden wohl zerbombt; Z. 1); „Schornsteinresten" (Z. 2 f.); „Schuttwüste" (Z. 3); „Unser Haus kriegte eine Bombe." (Z. 61), dadurch Tod des Bruders usw.; *Wer ist im vierten Satz der Erzählung mit „er" gemeint (vgl. „Er hatte die Augen zu.", Z. 4)?* – Jürgen, ein 9-jähriger Junge; *Was meint Jürgen mit: „Jetzt haben sie mich!" (Z. 5 f.)?* – Er hat Angst, dass er (wie bereits sein kleiner Bruder) umgebracht, vom Feind getötet wird. Er könnte aber auch davor Angst haben, bei etwas Verbotenem erwischt zu werden. Mit „sie" könnten Erwachsene, z. B. seine Eltern, gemeint sein, die entdecken, dass er Tag und Nacht seinen toten Bruder bewacht.; *Warum schläft Jürgen sogar nachts nicht?* – Jürgen befürchtet, dass Ratten nachts die Überreste seines Bruders fressen könnten.; *Wie gelingt es dem alten Mann, Jürgens Vertrauen zu gewinnen?* – Er erzählt Jürgen von seinen Kaninchen und weckt in ihm die Hoffnung auf ein eigenes Kaninchen.

3. abhängig von Schülerbeiträgen

4. abhängig von Schülerbeiträgen; z. B. **Thema**: Leben in der Nachkriegszeit/Individueller Umgang mit Folgen des Krieges/Neue Hoffnung in der Nachkriegszeit; **Deutungshypothese:** In der Kurzgeschichte geht es um Menschlichkeit und neue Hoffnungen nach den Schrecken des Krieges. Der alte Mann ermöglicht dem Jungen durch eine Notlüge, sich von der Vergangenheit zu lösen und nach vorn zu schauen.

Seite 7

5. abhängig von Schülerbeiträgen

6. Abschnitt 1: Z. 1 – Z. 10; Abschnitt 2: Z. 11 – Z. 88; Abschnitt 3: Z. 89 – Z. 93

7. *Wie entwickelt sich das Gespräch zwischen Jürgen und dem Mann?* – Jürgen gewinnt immer mehr Vertrauen, wird gesprächiger, geht auf den Mann ein; *Was bezweckt der alte Mann mit seiner Notlüge (vgl. Z. 64 f.)? Gelingt ihm dies?* – Der alte Mann versucht Jürgen abzulenken und ihm wieder ein eigenes Leben, eine normale Kindheit zu ermöglichen. Dies gelingt ihm dadurch, dass er Jürgen ein eigenes Kaninchen verspricht.; *Inwiefern ändert sich Jürgens Verhalten am Ende des Dialogs?* – Am Ende ist Jürgen wieder voller Hoffnung und reagiert, wie man es für ein Kind seines Alters erwarten würde. Er entwirft einen Plan für die Zukunft und freut sich auf das Kaninchen.

8./9. **Jürgen:** Haargestrüpp (Z. 11 f.), neun Jahre alt (Z. 29), raucht (Z. 45); **der Mann:** ärmlich behoste Beine (Z. 6 f.), krumme Beine (Z. 7), älter (Z. 9), Erde an den Fingerspitzen (Z. 10); **Jürgens Bruder:** tot (vgl. Z. 59 f.), liegt unter zusammengesackten Mauern (Z. 60 f.), vier Jahre alt (Z. 63); Jürgen geht nach anfänglichem Zögern auf den Mann ein und glaubt ihm; der alte Mann behandelt Jürgen wie ein Kind, d. h. altersgerecht; Jürgen bewacht seinen kleinen Bruder, hat eine enge Beziehung zu ihm, fühlt sich für ihn verantwortlich und will ihn noch nach dem Tod beschützen.

Seite 8

10. abhängig von Schülerbeiträgen; z. B. Z. 4 ff.

11. Der personale Er-Erzähler nimmt Jürgens Perspektive ein. Das bewirkt, dass der Leser sich Jürgen nahe fühlt und mit ihm das Geschehen erlebt.

12. abhängig von Schülerbeiträgen; z. B. rot (Z. 90): Abendrot, warm, versöhnlich, „Abendrot – Gutwetterbot'" – Hoffnung auf den nächsten Tag; grün (Z. 92): belebend (Natur – Leben), Hoffnung; etwas grau (Z. 93): Teil der düsteren Vergangenheit, der haften bleibt

13. **Z. 1 – 3 Nomen:** Fenster, Mauer, Abendsonne, Staubgewölke, Schornsteinreste, Schuttwüste; **Verben:** gähnte, flimmerte, döste; **Adjektive:** hohle, vereinsamten, blaurot, früher, steilgereckten; **Stimmung:** ruhig, düster, verlassen, eintönig, zerstört → leblos, bedrückend; **Z. 90 – 93 Nomen:** Sonne, Abend, Beine, Korb, Kaninchenfutter, Schutt; **Verben:** konnte sehen, hindurchschien, schwenkte hin und her, war; **Adjektive:** rot, krumm, aufgeregt, grünes, grau; **Stimmung:** alltäglich, in Bewegung, aufhellend → lebendig, hoffnungsvoll

14. Personifikation

Seite 9

15. abhängig von Schülerbeiträgen

16. z. B. Beschreibung eines verlassenen, zerstörten Schauplatzes – **Satzbau:** kurze Parataxen, Zustands- bzw. Vorgangsverben wie z. B. „gähnte" (Z. 1), „flimmerte" (Z. 2), „döste" (Z. 3), Farbadjektive „blaurot" (Z. 1), „dunkel", „noch dunkler" (Z. 4 f.); Jürgen sitzt am frühen Abend in diesem Trümmerfeld, sich selbst überlassen, ängstlich – **Froschperspektive:** Jürgen nimmt schemenhaft und selektiv den

herankommenden Mann wahr (vgl. Z. 6f.), **innerer Monolog:** „Jetzt haben sie mich!" (Z. 5f.); Aufbruchsstimmung am Ende, Leben ist zurückgekehrt – **Tätigkeits- bzw. Vorgangsverben:** „laufen" (Z. 89) , „hin und her schwenken" (Z. 92), **Personifikation:** „der Korb schwenkte aufgeregt hin und her" (Z. 92), **Farbadjektive:** „rot" (Z. 90) und „grün" als Farbe der Hoffnung (Z. 92)

17. Der Text enthält die wichtigsten Merkmale einer Kurzgeschichte: keine Einleitung, sondern direkter Einstieg; unbestimmter Ort, keine genaue zeitliche Einordnung; offenes Ende; nur wenige Personen (Jürgen und der Mann) sind Teil der Handlung; stilistische Nüchternheit und Alltagssprache.

18. abhängig von Schülerarbeiten

Parabeln analysieren und interpretieren

1. abhängig von Schülerbeiträgen

Seite 10

2./3. Im Original endet der Text mit Variante b): […] „Oh!" sagte Herr K. und erbleichte.; **Bildteil:** Herr K. erbleicht, als er hört, dass er sich im Laufe der Zeit nicht verändert hat.; **Sachteil:** Herr K. erschrickt darüber, dass er sich im Laufe der Zeit nicht verändert hat. Er versteht die Äußerung seines Bekannten nicht als Kompliment, sondern fasst sie als besorgniserregend auf.

4. abhängig von Schülerbeiträgen, z. B.: Veränderung ist völlig normal und ein Zeichen von Lebendigkeit. Was sich nach langer Zeit nicht im geringsten verändert hat, ist unnatürlich.

5. Der Leser rechnet damit, dass Herr K, die Worte des Mannes als Kompliment auffasst. Herr K. aber reagiert auf die gut gemeinte floskelhafte Redewendung nicht gerade mit Freude und Dankbarkeit. Im Gegenteil, die Reaktion von Herrn K. ist unerwartet, denn er nimmt das Gesagte ernst.

6. abhängig von Schülerbeiträgen

Seite 11

7. abhängig von Schülerbeiträgen

8. abhängig von Schülerbeiträgen; z. B. **Schauspielerin:** schön, reich, berühmt, Glamour, Hollywood, Kino/TV; **Erfolg:** Anerkennung, Geld, Arbeit, Fleiß, Ziel, beliebt; **schön:** anziehend, hübsch, nett, freundlich, modische Kleidung, Make-up, innere und äußere Schönheit

9. Herr K. meint die innere Schönheit, die Ausstrahlung, die jemand hat, der erfolgreich ist. Denn Bestätigung, die man erhält, führt auch zu selbstbewusstem Auftreten. Herr K.s Begleiter versteht unter „schön" lediglich das Aussehen einer Person und weniger die Wirkung.

10. z. B. **Thema:** Bedeutung von Erfolg; **Deutungshypothese:** Was war zuerst da, der Erfolg oder die Schönheit? Das kommt auf die Perspektive der Betrachtung an.

11. Herr K. ärgert sich über die Aussage seines Begleiters, weil dieser den Erfolg der Schauspielerin, deren Schönheit zuschreibt und er das für oberflächlich hält. Denn er selbst ist anderer Meinung und macht den Erfolg für die Schönheit verantwortlich.

12. **Bildteil:** ergebnislose Diskussion zwischen Herrn K. und seinem Begleiter darüber, wie Schönheit und Erfolg zusammenhängen; **Sachteil:** Es handelt sich um ein „Henne-Ei-Problem". Was war zuerst da, die Schönheit oder der Erfolg? Ist Schönheit Voraussetzung für Erfolg oder nimmt man Menschen als schön wahr, sobald sie Erfolg haben?; **Bedeutung:** Auf die Frage, wie wir Menschen wahrnehmen, was innere, was äußere Schönheit ist, ob Erfolg schön bzw. Misserfolg hässlich macht, ob Schönheit die Voraussetzung für Erfolg ist, gibt es keine Antwort.

13. Die Sprache ist einfach und schlicht; **Wortwahl:** viele Wiederholungen („sagte", „sie", „schön", „Erfolg"); **Satzbau:** drei Sätze, gleicher Satzbau, dreimal wörtliche Rede, dreimal gleiche Position des Redebegleitsatzes, Austausch der Teilsätze

Seite 12

14. abhängig von Schülerbeiträgen

Seite 13

15. abhängig von Schülerbeiträgen

16. abhängig von Schülerbeiträgen; z. B. In der Parabel „Scorpius Skorpion" von Christa Reinig versucht ein Mensch, vom Erzähler Skorpion genannt, mit dem Bild, das die Gesellschaft von ihm hat und das er demzufolge sich auch angeeignet hat, zurechtzukommen. Er ist sanftmütig und freundlich, seine äußeren Merkmale scheinen ihm jedoch schlechte Charaktereigenschaften zuzuweisen. Der Skorpion lebt zurückgezogen aus Angst, diese schlechten Eigenschaften in Gesellschaft auszuleben. Nach einem Blick in den Spiegel, bei dem er nun noch einen grausamen Zug um den Mund feststellt, kommt er zu der Ansicht, kein guter Mensch zu sein. Er flüchtet sich in eine Welt voller Bücher. Als ihm aber der Lesestoff ausgeht, muss er unter Leute und sich mit der Realität konfrontieren. Ihm ist nicht wohl dabei, er befürchtet ein Unheil. In sechs verschiedenen Situationen, in denen er auf andere Menschen trifft, überprüft er nun sein Selbstbild. Dabei zeigt er sich jedoch weder hinterlistig, jähzornig, neugierig, kriminell noch grausam und insgesamt also als guter Mensch. So wiegt er sich zunächst in Sicherheit. Als er aber aus Unwissenheit die Handlung eines anderen Menschen imitiert und ein Buch im Buchladen vor Freude gegen sein Herz presst, verliert er die Kontrolle über die Situation. Er reicht dem Buchhändler, da er plötzlich keine Hand mehr frei hat, trotzdem aber freundlich sein möchte, zum Abschied den giftigen Stachel. Der Buchhändler stirbt. So erfüllt sich am Ende doch die negative Prophezeiung, aus der es scheinbar keinen Ausweg gibt.

17./18. z. B. Er ist sanftmütig und freundlich. Er hat dicht beieinander stehende Augen. Andere halten das für ein Zeichen von Hinterlist. Seine Augenbrauen sind zusammengewachsen. Andere halten das für ein Zeichen von Jähzorn. Er hat eine lange und spitze Nase. Andere halten das für ein Zeichen von Neugier. Er hat angewachsene Ohrläppchen. Andere halten das für ein Zeichen von verbrecherischer Neigung. Er sieht im Spiegel einen grausamen Zug um seinen Mund und hält sich selbst für einen schlechten Menschen. Er lebt isoliert und flüchtet sich in Bücher. Er hat Angst davor, dass die schlechten Eigenschaften, die andere ihm zuschreiben, tatsächlich auf ihn zutreffen. Belastet durch all die Vorurteile der anderen befürchtet er, als er sich doch unter Leute wagt, nur das Schlimmste. Am Ende, nach mehreren Begegnungen mit anderen Menschen, bei denen sich keines der Vorurteile bestätigt hat, hat er etwas an Sicherheit gewonnen und gibt die Kontrolle über seine Handlungen kurz aus der Hand. Dies wird ihm zum Verhängnis, er tötet „aus Versehen" den Buchhändler und endet so schließlich doch als schlechter Mensch.

19. abhängig von Schülerbeiträgen

Seite 14

20. Die zweite Deutungshypothese ist am treffendsten. In den anderen beiden ist die Gewichtung der Deutung eine andere. Es kommt hier allerdings auch auf die passende Begründung an.

21. z. B. Die Wiederholung dieser Passage macht deutlich, dass die Hauptfigur das Verhalten des anderen imitiert, und zwar wahrscheinlich aus Unsicherheit, weil sie es nicht besser weiß, um nicht aufzufallen etc. Schließlich lebt die Hauptfigur isoliert von seinen Mitmenschen und geht nur selten unter Leute. Diese Unsicherheit wird ihr allerdings am Ende zum Verhängnis. Denn da sie das Buch „mit beiden Händen fest an [ihr] Herz [presst]", hat sie keine Hand mehr frei, die sie dem Buchhändler zum Abschied reichen kann. Die Hauptfigur möchte aus Dankbarkeit besonders freundlich sein, daher der Wunsch, die Hand zu reichen. Es bleibt nur noch der giftige Stachel, der dem Buchhändler den Tod bringt und damit die eigentliche Intention ins Gegenteil verkehrt.

22. **Situation 1:** *Begegnung mit der kurzsichtigen Frau – Bin ich hinterlistig?*; **Situation 2:** Begegnung mit dem unverschämten Fremden – Bin ich jähzornig?; **Situation 3:** Brieftasche am Boden – Bin ich neugierig?; **Situation 4:** Überlegung, ein teures Buch zu stehlen – Bin ich kriminell?; **Situation 5:** Möglichkeit, sich durchzusetzen – Bin ich grausam?; **Situation 6:** Buchhändler ist freundlich – Bin ich ein guter Mensch?

23. abhängig von Schülerbeiträgen; Deutlich werden sollte, dass eigentlich alle Fragen mit nein beantwortet werden müssen, auch die wichtigste letzte Frage.

24. **Bildteil:** Beschreibung und Verhalten des „Skorpions", das trotz Bemühung in einer Ausweglosigkeit endet.; **Sachteil:** verschiedene Deutungen möglich; z. B. Aufzeigen des Dilemmas zwischen natürlicher Identität und durch die Gesellschaft bestimmte Identität, zwischen Selbstbild und Fremdbild, der problematischen Macht von Vorurteilen.

Das kannst du jetzt! – Klassenarbeitstraining

Seite 15

1. **Schwerpunkte:** Interpretation, Charakterisierung der Handlungsträger und Merkmale der literarischen Form

2. abhängig von Schülerbeiträgen

3. z. B. **Thema:** Macht, Unterdrückung, Machtmissbrauch; **Deutungshypothese:** Der gefährliche Dompteur kann nur dadurch gebändigt werden, dass er zum Bürgermeister gemacht wird. Es geht somit um einen Menschen, der durch einschüchterndes Auftreten zu Macht gelangt und um Menschen, die sich den wildesten von ihnen zum Anführer wählen, um nichts zu befürchten zu haben. Der Wunsch nach Ordnung wird mit einem Freiheitsverlust bezahlt.

4. **Dompteur:** aggressiv, gewaltbereit, manipulierend, hat Autorität/Durchsetzungsvermögen, sorgt für Ordnung, kann Menschen führen, er zeigt ein Verhalten, das den Erfahrungen der Leser widerspricht. Anstelle von Tieren dressiert er Menschen und erhält von den Bewohnern der Stadt am Ende sogar ein politisches Amt, nämlich das des Bürgermeisters.; **Stadtbewohner:** Die Stadtbewohner gehorchen dem Dompteur und lassen sich von ihm manipulieren. Sie sind feige und unternehmen nicht einmal den Versuch, Widerstand zu leisten. Scheinbar haben sie nur auf einen „starken Mann" gewartet, der sie führt und müssen dies nun nicht selbst übernehmen. Sie erhoffen sich, dass ihre Stadt vom Regiment des Dompteurs profitiert und unterwerfen sich deshalb bereitwillig seiner Macht und Bevormundung.

5. **Textsorte:** Parabel; **Bildteil:** Der Dompteur fällt über seinen schönsten Königstiger her, bricht aus dem Käfig aus und stürmt peitschenknallend durch die Stadt.; **Sachteil:** verkehrte Welt; die Lesererwartung wird nicht erfüllt; der Dompteur ist aggressiv und unberechenbar und wird selbst zum wilden Tier; **Bedeutung:** z. B. Übertragung auf menschliche, gesellschaftliche und politische Verhältnisse und Missstände, Kritik an Diktaturen und Menschen, die sich Diktatoren unterwerfen

6./7. abhängig von Schülerbeiträgen

Extra: Üben – Sprachtraining

Seite 16

1. a) Zu Beginn wird das Trostlose, Monotone der Trümmerlandschaft betont, so etwa durch die Beschreibungen „Das hohle Fenster in der vereinsamten Mauer gähnte" (Z. 1) oder „Die Schuttwüste döste." (Z. 3).; b) Der blitzartige Gedanke „Jetzt haben sie mich!" (Z. 5 f.) weist auf bisher Erlebtes des Jungen hin.; c) Im Schlussteil ändert sich die Stimmung durch die Personifikation „der Korb schwenkte aufgeregt hin und her" (Z. 91 f.) und durch die Verwendung von Farben, nämlich dem Rot der Abendsonne (vgl. Z. 90) und dem Grün des Kaninchenfutters (vgl. Z. 92 f.).

2. z. B. Nach U. Müller wird gleich zu Beginn der „Ort der Handlung von außen" beschrieben: „In dieser genau erfassbaren Ortsbeschreibung finden [...] einige Farbkontraste Verwendung, die Kenntnisse des Autors vom Farbexpressionismus" verdeutlichen und den Leser in eine „irreal" erscheinende Szene führen. (U. Müller: Interpretation ..., S. 1)

3. abhängig von Schülerbeiträgen

Seite 17

4. a) Und dann sagte er ganz leise, dass sein Bruder da unten liege. Jürgen zeigte mit dem Stock auf die zusammengesackten Mauern. Sein Haus habe nämlich eine Bombe gekriegt. Mit einmal sei das Licht im Keller weg gewesen. Und der Bruder auch. Sie hätten noch gerufen. Er sei viel kleiner als er selbst gewesen. Erst vier. Er müsse dort ja noch sein ...;
b) Er wolle mal versuchen, rief der Mann schon im Weggehen, aber der Junge müsse dort solange warten. Er gehe dann mit ihm nach Hause. Er müsse seinem Vater doch sagen, wie so ein Kaninchenstall gebaut werde. Denn das müssten sie ja wissen.; c) Damit einverstanden rief Jürgen, dass er warte. Er müsse ja noch aufpassen, bis es dunkel werde. Er warte bestimmt. Und er rief, sie hätten auch noch Bretter zu Hause. Kistenbretter, rief er.

5. a) Winfried Freund (1996): Wolfgang Borchert „Draußen vor der Tür" – Literatur ohne Antwort. In: Dramen des 20. Jahrhunderts: Interpretationen; Bd. 2. Stuttgart: Reclam, S. 27–44.; b) Wolfgang Borchert (2004): Draußen vor der Tür und ausgewählte Erzählungen. 86. Auflage, Reinbek bei Hamburg: Rowohlt-Taschenbuch-Verlag, S. 44.; Hans-Gerd Winter (2011): 2011 – Wolfgang Borcherts 90. Geburtstag. In: Jahresheft der Internationalen Wolfgang Borchert Gesellschaft 23, S. 3–5.; d) Anna Maria Giachino (2000): Wolfgang Borchert: Nachts schlafen die Ratten doch. In: https://www.uni-due.de/literaturwissenschaft-aktiv/nullpunkt/pdf/borchert_ratten.pdf (zuletzt überprüft am 12.11.2015).

Einen dramatischen Text schriftlich interpretieren

Dramenszenen analysieren und interpretieren – die Konfliktgestaltung untersuchen

Seite 19

1. abhängig von Schülerbeiträgen

Seite 20

2. Die Aussage von **Leo** ist am treffendsten. Der gesellschaftliche Konflikt zwischen Adel (Präsident von Walter) und Bürgertum (Miller) wird deutlich. Miller zeigt sich einerseits untertänig („Halten zu Gnaden", Z. 73), andererseits verdeutlicht er, dass der Adel zwar im Lande, aber nicht in seiner Stube „schalten und walten" (Z. 95) kann, wie er will. Miller geht sogar so weit, dass er den Präsidenten aus seinem Hause hinauswerfen will („den ungehobelten Gast werf' ich zur Tür hinaus", Z. 98 f.), d. h., dass im Bürgertum ein Selbstbewusstsein, ein bürgerlicher Stolz erwacht und es sich nicht alles gefallen lässt.; Die Aussage von **Irina** ist nur im ersten Teil korrekt. Der zweite Teil ist so nicht stimmig: Das Bürgertum ordnet sich nicht (mehr) bedingungslos unter; es hat an Selbstbewusstsein gewonnen (vgl. Miller). Millers Frau ist darüber erschrocken, weil sie die Folgen fürchtet, die es mit sich bringt, wenn der (noch) herrschende Adel sich in seiner Machtausübung angegriffen fühlt.; Die Aussage von **Konrad** trifft zu. Es besteht ein Konflikt zwischen Präsident von Walter und Ferdinand, der sich nicht mehr in das gesellschaftliche, absolutistische System pressen lassen will. Auch in der bürgerlichen Familie Miller wird ein Konflikt deutlich: Während Miller immer offensiver wird und letztendlich sehr selbstbewusst die Rechte des Bürgertums vertritt, kuscht seine Frau und fürchtet sich vor den Folgen.

3. **I:** Exposition, **II:** steigende Handlung mit erregendem Moment, **III:** Höhepunkt mit Peripetie, **IV:** fallende Handlung, **V:** retardierendes Moment, **VI:** Lösung des Konflikts; Die Szene II/6 ist bei der steigenden Handlung kurz vor dem Höhepunkt einzuordnen.

Seite 21

4.

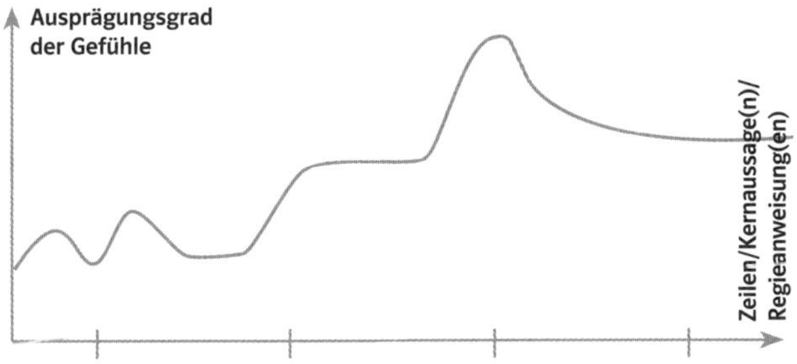

Z. 66–73	Z. 79–83	Z. 89–95	Z. 124–129
„[…] wechselweis vor Wut mit den Zähnen knirschend und vor Angst damit klappernd“ → Wut und Angst zugleich → ist erbost über das Auftreten des Präsidenten	→ kritisiert das Mätressenwesen, grenzt die Bürgerlichen deutlich davon ab, stellt seinen Beruf in den Vordergrund („Adagio“)	→ geht auf Präsidenten zu → macht klar, dass er der Herr im Hause ist → gesteigerte Wut → will Gast sogar hinauswerfen → macht aber gleich darauf einen Rückzieher („Halten zu Gnaden.“)	→ will sich zur Wehr setzen und sich beim Herzog über Präsidenten beschweren → wirkt entschlossen, aber auch verunsichert

5. abhängig von Schülerbeiträgen

6. abhängig von Schülerbeiträgen; Wichtig ist, dass die Hin- und Hergerissenheit Millers zwischen bürgerlichem Untertanengeist und Stolz/Aufbegehren zum Ausdruck kommt. Am Ende steht sein Entschluss, die Angriffe auf seine (Familien-)Ehre nicht hinnehmen und sich beim Herzog beschweren zu wollen.

Seite 22

7. abhängig von Schülerbeiträgen

Seite 23

8. Der Spielszenen-Charakter der vorliegenden Szene ist an den zahlreichen Regieanweisungen zu erkennen, die die Bewegungen der Figuren auf der Bühne anzeigen; Interpretationsansätze sind abhängig von Schülerbeiträgen. Wichtig ist, dass durch die Bewegungen und Handlungen der Figuren auf der Bühne auch ihr Gemütszustand verdeutlicht und die Zuspitzung des Konflikts zusätzlich verstärkt wird.

9. abhängig von Schülerbeiträgen

Seite 24

10. **wichtige Aspekte:** Schiller erlebte im Herzogtum Württemberg am eigenen Leibe die gesellschaftlichen Zwänge und die Willkür des Herzogs Karl Eugen (biografischer Bezug). Am historischen Beispiel des Schriftstellers Daniel Schubart bekam Schiller vorgeführt, welche Konsequenzen das Aufbegehren gegen den absolutistisch herrschenden Fürsten Karl Eugen haben konnte. In der Figur des Präsidenten verarbeitete Schiller die Intrigen bei der Besetzung der Ministerämter im Herzogtum (historischer Bezug).

11. abhängig von Schülerbeiträgen; z. B. Der Präsident setzt auf Basis seiner Machtposition seinen Willen mit allen Mitteln durch und wird nur durch Ferdinands Drohung mit der Wahrheit um die Erlangung seines Amtes (vorläufig) aufgehalten.

12. abhängig von Schülerbeiträgen

Dramenszenen analysieren und interpretieren – die Figuren charakterisieren

Seite 25

1. abhängig von Schülerbeiträgen

2. abhängig von Schülerbeiträgen; z. B. Mutter und Tochter, Familienbande, …

3. **1. Akt:** resolute Wäscherin Frau Wolff, verheiratet mit ängstlichem Schiffszimmermann Julius Wolff, bringt gewilderten Rehbock nach Hause und trifft unerwartet auf Leontine, ihre Tochter; Leontine ist Dienstmädchen bei dem reichen Krüger und ist fortgelaufen, weil sie abends noch Holz in den Stall schaffen sollte; Frau Wolff will ihre Tochter zurückschicken, erlaubt Leontine aber dann doch, zu bleiben, um selbst das Holz heimlich zu stehlen; **2. Akt:** Frau Wolff verkauft dem Spreeschiffer Wulkow den Rehbock; ihre Tochter Adelheid erzählt von einem wertvollen Biberpelz bei Krügers; Wulkow bekundet Interesse an einem solchen Pelz sowie Zahlungsbereitschaft; Frau Wolff möchte ihre Schulden begleichen und beschließt, den Pelz zu stehlen, um ihn an Wulkow zu verkaufen; **3. Akt:** Krüger erstattet Anzeige wegen des gestohlenen Holzes und des Pelzes; der Amtsvorsteher von Wehrhahn nimmt ihn nicht ernst, kümmert sich lieber um den Gelehrten Dr. Fleischer, den er wegen Majestätsbeleidigung verhaften lassen will; **4. Akt:** Krüger beschwert sich, dass seine Anzeige nicht verfolgt wird; geht erneut zu Wehrhahn, wo sich auch Frau Wolff befindet; es kommt zu einer grotesken Verhandlung ohne Ergebnis; Frau Wolff gelingt es durch Pfiffigkeit, jeden Verdacht von sich zu lenken; keine Aufklärung der Diebstähle

4. Wichtig sind die detaillierte Regieanweisung am Anfang, durch die ein genaues Bild der Verhältnisse gezeichnet wird, sowie die Verwendung von Alltagssprache mit Dialekt und Umgangssprache, durch die das Milieu gekennzeichnet ist.

Seite 28

5. z. B. **Frau Wolff:** „Mach uff, Mädel, sonste komm´ ich durchs Fenster.", „Mach bloß, dasste fortkommst zu deiner Herrschaft.", „Und sieh, dasste fortkommst, sonst haste verspielt.", *„tut erstaunt"* usw.; **Leontine:** *„läppisch maulend"*, *„weinerlich, trotzig"*, „Ick jeh´ nich mehr bei die Leute hin. Dann jeh´ick lieber int Wasser, Mama!", *„schreit heftig"* usw.

6. abhängig von Schülerbeiträgen; Deutlich werden könnte, dass Leontine sich nicht besonders bemühen möchte, ihre Aufgaben gut zu erfüllen.

7. z. B. erstaunt, theatralische Gesten bei ironischen Passagen, evtl. Drohen mit Zeigefinger, verständnisloses Gesicht usw.

8. abhängig von Schülerbeiträgen; z. B. Was macht die denn hier?!; Das Mädel gehört zu ihrer Herrschaft und soll dort ihre Arbeit machen!; Nun jammert sie auch noch über das bisschen Holz!; Naja, nun soll sie erstmal etwas essen ...

9. trifft zu: fleißig, selbstbewusst, fürsorglich, kämpferisch, schlau

10. abhängig von Schülerbeiträgen

Das kannst du jetzt! – Klassenarbeitstraining

Seite 30

1. **Schwerpunkte:** analysieren und interpretieren, Wirkung der Figuren, Verhältnis der Figuren zueinander, textexternes Material

2. abhängig von Schülerbeiträgen; z. B. Ill stellt Claire Fragen zu ihrem gemeinsamen Kind. Anschließend möchte Claire von Ill hören, woran er sich bei ihr erinnert. Schließlich schwelgen sie fast in der Vergangenheit, bis Ill sie in die Gegenwart zurückholt, indem er über sein bevorstehendes Lebensende reflektiert. Claire liefert ihm schließlich den Grund für ihr Verhalten und ihr Ziel, das sie damit verbindet. Ihre letzten Sätze verdeutlichen die Intention, von der sie das ganze Stück über angetrieben wird.

3. abhängig von Schülerbeiträgen; z. B. Dürrenmatt will mit seinen Werken das Publikum irritieren und zum kritischen Nachdenken anregen. Er spielt dabei mit Kategorien wie Recht und Unrecht, Macht und Gewalt, Ohnmacht und Gnade.

4. abhängig von Schülerbeiträgen

Seite 31

5. Die Szene zeigt den Tag der „Hinrichtung" Ills, ist also kurz vor Ende im dritten Akt angesiedelt.

6. Ill stellt Claire Fragen über ihr gemeinsames Kind. Claire regt gemeinsame Erinnerungen an. Der Ton ist sehr vertraut, fast zärtlich, schwelgend.

7. z. B.

Figuren	Sprachliche Besonderheiten	Wirkung
Claire Zachanassian	einsilbige Antworten; ausführlicher, als es um die eigene Person geht	Desinteresse am Kind; Interesse an Paarbeziehung, an eigenem Traum
Ill	Fragen; abgeklärt, negative Sprache („letzten Mal", „böser Wald", „Kuckuck", „sinnloses Leben", ...)	Interesse am Kind; Resignation

8. abhängig von Schülerbeiträgen

9. abhängig von Schülerbeiträgen

10./11. abhängig von Schülerbeiträgen

Extra: Üben – Sprachtraining

Seite 32

1. a) Acht Jahre seines Lebens verbringt Schiller in der verhassten dunkelblauen Uniform und hadert mit dem strengen, unmenschlichen Reglement in der Hohen Karlsschule zu Stuttgart.; b) Zwischen langen, steifen Unterrichtsstunden, dem quälenden militärischen Exerzieren und der regelmäßigen religiösen Andacht bleibt den Karlsschülern kaum Luft zum Atmen.; c) Dennoch schafft sich der pubertierende, poetisch und philosophisch begabte Teenager Freiräume: In einer Art „Club der toten Dichter" lesen literarisch interessierte Schüler verbotene, heimlich in die Schule geschmuggelte Bücher, schnupfen Tabak und schlürfen Kaffee.; d) Beim jährlichen herzoglichen Stiftungsfest ließ sich Herzog Karl Eugen in Theaterspielen huldigen.; e) Den erfolgreichen adeligen Schülern reichte der Herzog gnädig seine Hand zum Kuss; erfolgreiche bürgerliche Schüler hingegen durften ihm bestenfalls den Rockschoß küssen.; f) Teile seines Freiheitsdramas „Die Räuber" schreibt der empfindsame, sehr freiheitsliebende Schiller „illegal" bei schwachem, flackernden Kerzenlicht im Schlafsaal der Karlsschule.

2. a) Zweimal wird Schiller wegen „Unreinlichkeit", noch mit fast 15 Jahren soll er ein Bettnässer gewesen sein, mit Stockhieben und Arrest bestraft.; b) 1776, die Akademie war 1775 nach Stuttgart verlegt worden, kam Schiller zum Entsetzen seines Vaters in die neu eingerichtete medizinische Fakultät.; c) Der Dichter Christian Friedrich Daniel Schubart, zehn Jahre, von 1777 bis 1787, auf der Festung Hohenasperg eingekerkert, lieferte Schiller den Stoff für sein erstes Drama „Die Räuber", den Konflikt zwischen zwei ungleichen Brüdern.; d) Um Schiller sammelte sich ein Kreis Gleichgesinnter, die alles lasen, was sie an Literatur des Sturm und Drang bekommen konnten, beispielsweise Werke von Wieland (1733–1813), Goethe (1749–1832), Klinger (1752–1831) oder Bürger (1747–1794).

3. a) 1780 verlässt Schiller die Schule als Doktor der Medizin, um eine Stelle als Regimentsarzt in Stuttgart zu übernehmen.; b) In ständiger Angst, beim Schreiben „erwischt" zu werden, beendet er sein erstes Werk „Die Räuber" mit der Absicht, das Lesedrama noch 1781 anonym zu veröffentlichen.; c) Schiller erhält vom Intendanten des Mannheimer Nationaltheaters den Auftrag, sein Lesedrama in eine Theateraufführung umzuschreiben.; d) Ohne eine Erlaubnis des Herzogs zu besitzen, unternimmt er eine Ausfahrt nach Mannheim, um an der Uraufführung seines Werkes „Die Räuber" teilzunehmen, was ihm 14 Tage Haft einbringt.; e) Als der Herzog bemerkt, dass sich Schiller im 2. Akt dieses Stückes negativ über die Graubündner äußert, verbietet er dem aufsteigenden Dichter (,) zu schreiben.; f) Daraufhin beschließt Schiller (,) mit seinem Freund nach Mannheim zu fliehen.; g) Nach einem Jahr schafft es Schiller, vom Intendanten des Nationaltheaters Mannheim einen Einjahresvertrag als Theaterdichter zu erhalten.

Seite 33

4. *Komma bei Aufzählung* ***(1)****, Komma zwischen Haupt- und nachgestelltem Nebensatz* ***(2)****, Komma zwischen Haupt- und vorangestelltem Nebensatz* ***(3)****, Komma zwischen Haupt- und eingeschobenem Nebensatz* ***(4)****, Komma zwischen Hauptsatz und nachgestelltem Nebensatz mit Relativsatz* ***(5)****;*
„Die Räuber" heißt das erste veröffentlichte Drama von Friedrich Schiller, **(2)** das in der Epoche der Aufklärung entstand und der Strömung Sturm und Drang in der deutschen Literatur zuzurechnen ist. Bevor es 1782 in Mannheim uraufgeführt wurde, **(3)** hatte es Schiller 1781 als Lesedrama anonym veröffentlicht. Das Drama sorgte für nationales Aufsehen und Schiller wurde dadurch mit einem Mal berühmt. Das Stück schildert die Konkurrenz zweier Brüder: Karl Moor auf der einen Seite, der von seinem Vater geliebte, **(1)** intelligente, **(1)** freiheitsliebende spätere Räuber, der ungeliebte Bruder Franz auf der anderen Seite, herzlos, **(1)** kalt und berechnend. Franz, **(4)** der von Natur aus hässlich ist, **(4)** wurde in seiner Kindheit vernachlässigt und hat als Zweitgeborener kein Anrecht auf das Erbe. Der Lieblingssohn Karl dagegen führte in Leipzig ein recht leichtsinniges und ungezügeltes Studentenleben, **(5)** bevor er Besserung gelobte und seinem Vater einen Brief schrieb, **(5)** mit dem er seinen Wunsch um Vergebung zum Ausdruck brachte.

Einen lyrischen Text schriftlich interpretieren

Lyrische Texte analysieren und interpretieren

Seite 34

1. Ähnliche thematische Aspekte: Nachdenken über eine vergangene Paarbeziehung; Empfinden eines Verlustes

2. **zu markieren:** vergleicht die Zeit seiner Liebe und den Abschied mit einer Metaphorik aus dem Tierreich. Hierbei fällt auf, dass sich diese Bildhaftigkeit über das gesamte Gedicht zieht. Es entsteht der Eindruck, dass der lyrische Sprecher im Nachhinein seine Beziehung überdenkt und mit dem Partner abrechnet; (drei Quartette und eine Paarstrophe); spiegelt den Ich-Verlust des lyrischen Sprechers; Fast parallel gebaut sind die zwei zusammengezogenen Sätze der ersten Strophe, anaphorisch mit „ich" (V. 1, 3) beginnend, die den Anfang der Beziehung markieren.; **1. Ergänzung:** Der lyrische Sprecher stellt zwar die Notwendigkeit des Abschieds fest, nennt aber keine Gründe.; **2. Ergänzung:** Das lyrische Ich zeigt sich hierbei als empfindender Mensch.; **3. Ergänzung:** Das Gedicht besteht aus vier Quartetten.; **4. Ergänzung:** Es beginnt mit einer Art Bitte an das lyrische Du, in Form der Aufforderung „Lass[...]" (V. 1). Es soll die Art des Abschiednehmens zulassen, annehmen.; **5. Ergänzung:** Die emotional angespannte Situation spiegelt sich auch in der Erststellung des ausdrucksstarken Adjektivs im zweiten Ausrufesatz.

Seite 35

3. abhängig von Schülerbeiträgen; **sprachliche Mittel:**
2. Strophe: „Traurig", „Kalt", „Matt" – Erststellung der Adjektive – Gefühl wird betont, Todessymbolik; „süßstes" – Superlativ; „Kuss ...", „Druck ..." – Liebessymbole; „...von deinem Munde", „... von deiner Hand" – Pars pro toto;
3. Strophe: „Sonst" – Gewohntes; „gestohlnes Mäulchen" – Diminutiv, Diebesmetaphorik; „O wie hat es mich entzückt" – Klage, Vergangenheit; „So ... Veilchen ... März" – Vergleich durch Blumen-/Jahreszeitenmetaphorik;
4. Strophe: „pflücke" – Gegenwart; „Kränzchen", „Rose" – Blumenmetaphorik; „dich", „liebes Fränzchen" – direkte Ansprache; „Frühling", „Herbst" – Jahreszeiten-Antithese; „leider" – Wertung, Bedauern; „mich!" – letztes Wort, Fokussierung auf sich selbst; **Bedeutung der Blumensprache/Jahreszeiten:** Veilchen – Symbol für Jungfräulichkeit, Bescheidenheit, Anstand, Treue, steht mitunter auch für geheime Liebe, ein süßes Geheimnis; Rose – Liebe und Leidenschaft (rot), Jugend und Schönheit (rosa), Unschuld und Treue (weiß); Kränzchen – Liebesbeweis; Frühling – Werden/Entstehen; Herbst – Reife/Zuendegehen

Seite 36

4. **Inhalt A:** thematisch passende Einstiegsgedanken, Angaben zum Werk stimmen, erster Eindruck differenziert, Thema erfasst; **Inhalt B:** Angaben zum Werk stimmen, erster Eindruck, Thema erfasst, unangebrachter Kommentar; **Wortwahl A:** treffende Wortwahl, gehoben; **Wortwahl B:** einfache Wortwahl, Umgangssprache; **Syntax A:** durch Einschübe und Aufzählungen in wenigen Sätzen viele Aussagen; **Syntax B:** einfacher Satzbau; Einleitung A ist gelungener, da hier auf sprachlich geschickte Art viele Informationen knapp und doch differenziert dargeboten werden, die Einstiegsgedanken bieten Möglichkeiten für ein thematisches Ausloten in der Interpretation und machen neugierig.

5./6. abhängig von Schülerbeiträgen

7. Es werden Bilder aus dem Tierreich gefunden und darüber eine Art Abrechnung mit dem Partner ausgedrückt.

Die Trennung erscheint akzeptiert und wird nicht, wie bei Goethes „Der Abschied", beklagt.

8. abhängig von Schülerbeiträgen; z. B. In dem Schülerbeispiel ist es gelungen, die wichtigen Textpassagen bzw. Worte auszuwählen, sie geschickt anzuordnen und als eigene Bestandteile der Sätze zu integrieren. Somit sind die zitierten Passagen kurz, sagen aber viel aus, zeigen eine intensive Arbeit mit dem Text. Die Regeln des Zitierens wurden eingehalten.

Seite 37

9. abhängig von Schülerbeiträgen; z. B. Der zweite Teil des Einführungssatzes wird über das Zitat nicht erweitert, die Aussagen sind mitunter wortwörtlich wiederholend, also nicht notwendig. Weiterhin fehlen analytische Fachbegriffe und weitere Mittel, die die Aussage stützen und ergänzen. Diese sind zwar inhaltlich richtig, aber nicht tiefgründig ausgelotet. Zudem ist die Zitattechnik nicht korrekt, Belege fehlen.

10. abhängig von Schülerbeiträgen; z. B. **Einleitung:** Einstiegsgedanken über verschiedene Empfindungen zu einem Abschied, TATT, düsterer erster Eindruck, Hinführung zum Thema: Abschied vom Ich-Verlust in einer falsch verstandenen Partnerschaft; **Hauptteil:** Inhaltsangabe, lyrische Situation (Nachdenken, Rückblick), lyrische Haltung (Distanz, Wut...), Gedichtform (3 Quartette, 1 Paarstrophe, unregelmäßiger Jambus, 1. Strophe Kreuzreim, 2. Strophe umarmender Reim, 3. Strophe Kreuzreim, 4. Strophe Paarreim - Reim spiegelt Phasen der Beziehung), fester Bau des Gedichts steht für feste Beziehung, in der man keine eigene Individualität mehr besitzt; Tiermetaphorik deutet auf „unmenschliche" Beziehung hin, der Partner wird verschlungen, der eigentliche Sinn eines Miteinanders nicht verstanden; zum Anfang eher „urtümliches/instinktives" Hinwenden; da der Partner durch die Vereinnahmung nichts mehr zur Partnerschaft beizutragen hat, wird er verworfen, ohne die Erkenntnis eines Schuldanteils - Bezug zum Tierreich, wo Partner „entsorgt", sogar getötet werden, nachdem eine bestimmte Aufgabe, z. B. Paarung, erfüllt wurde; lyrischer Sprecher sieht sich in dieser Rolle; Anklage, Wut, Abrechnung, hat selbst nichts in dieser Partnerschaft dazugewonnen, nur verloren; Titel - Phrase, bedeutet ganz und gar; **Schluss:** Abgleich mit erstem Eindruck und Deutungshypothese, Thema nach wie vor aktuell

11. abhängig von Schülerbeiträgen

Seite 38

12. abhängig von Schülerbeiträgen; z. B. Das Gedicht wirkt wie ein Wechselbad der Gefühle, einerseits ruhig und friedlich, fast positiv, andererseits traurig, bedrückend und hoffnungslos.; Wahrscheinlich geht es um den Abschied des lyrischen Sprechers von einer Person, der er sehr nah war. Es ist das Nachdenken über den unausweichlich kommenden absoluten Verlust, der noch nicht ausgesprochen werden kann.

13. Das Ich scheint das Du beschützen zu wollen, es soll in einer Welt außerhalb der Realität aufgehoben sein (vgl. V. 7-8, 15-16, 24-25). Es wünscht ihm „Licht" (V. 5), als Symbol für alles Gute, was real nicht gegeben ist (vgl. V. 1). Es ist eine liebevolle, innige Beziehung, da der Focus immer auf das Du gelegt ist, es so direkt und oft angesprochen wird.

14. abhängig von Schülerbeiträgen; z. B.
Hallo Herr Schröder,
dass in der ersten Strophe ein „noch" fehlt, fällt beim ersten Lesen gar nicht auf. Außerdem ergibt es durchaus Sinn, dass das Wort hier nicht steht, denn am Anfang scheint es so, als ob das lyrische Ich noch einen Funken Hoffnung hat. Auch gefällt mir der Anfang so, wie er ist, das Grau als Attribut für den Morgen macht diesen sehr trist, es könnte eine Art Vorahnung sein, sonst würde es einfach nur wie das fehlende Licht am Morgen wirken. Den Artikel zu Tag finde ich passender, da somit ein bestimmter gemeint ist, vor dem sich der lyrische Sprecher fürchtet, ohne Artikel geht die Wirkung unter. Mir gefällt „Abschied" sehr, denn man kann sich gut in die Situation hineinversetzen und die Gefühle verstehen. Und hier geht es doch um eine momentane Ausnahmesituation, die „unperfekt", aber dadurch glaubhaft und eben nicht „ausgefeilt" oder durchdacht wirkt.

15. abhängig von Schülerbeiträgen

16. Der Text erscheint nach dieser Information nicht mehr so persönlich. Man ändert automatisch seinen Blickwinkel. Zuerst hat man eine tatsächliche Betroffenheit im Sinn, nun erscheint diese nachempfunden, stellvertretend für alle, die diesen Schmerz erfahren mussten. Allerdings macht der Anlass besonders betroffen, denn wenn Kinder sterben, ist es für die Hinterbliebenen oft noch schwerer, Abschied zu nehmen.

17. abhängig von Schülerbeiträgen

Textexterne Aspekte zur Interpretation nutzen

Seite 39

1. abhängig von Schülerbeiträgen; z. B. Das Gedicht wirkt fesselnd, sehr persönlich, real, modern, aber auch traurig, mut- und ausweglos, zudem aufgrund der Kleinschreibung ungewöhnlich.; Der moderne Mensch muss sich von alten Vorstellungen, Werten, Hoffnungen lösen, Abschied nehmen, hat aber keine neuen Werte entgegenzusetzen, es bleibt eine Sehnsucht nach Hoffnung und Halt in einer Welt, in der alles zu versinken droht.

2. trifft zu: unregelmäßiger Bau; freirhythmisch; subjektive Sicht; Brechung der Normgerechtheit der Sprache

Seite 40

3. abhängig von Schülerbeiträgen; z. B. Anfang A, da die Autorin in der Einleitung bereits genannt wurde, der lyrische Sprecher hier genau bezeichnet, der Adressat Noah erklärt und insgesamt knapp und treffend formuliert wird.

4. noah, der regen fällt, arche, der regen fällt, steigendes wasser, grüner zweig, taube

5.

	Gemeinsamkeiten	Unterschiede
Situation	unaufhörlicher Regen, steigendes Wasser	*Bibel:* Regen notwendige Folge für Sünden *Gedicht:* kein Grund für Regen genannt
lyrischer Sprecher/ Noah	beide befinden sich in Ausnahmesituation, lebensfeindliche Umgebung	*Bibel:* Rettung durch höheres Wesen, das Hinweise und Zeichen gibt, positives Ende, Noah ist auserwählt *Gedicht:* muss sich selbst helfen, offenes Ende, aber negative Andeutungen, keine Sonderstellung

6. Die biblische Vorlage dient als Basis für einen Vergleich mit der jetzigen Situation, sie wird allerdings hierbei in der zeitlichen Dimension fortgesetzt, so als würde sich die Sintflut wiederholen. Wichtige Aussagen werden in das Gegenteil verkehrt. Auch richtet sich die Mitteilung an Noah, nicht an Gott, womit es keine Einschränkung in religiöser Hinsicht gibt, sondern ein Mensch im Mittelpunkt steht, der an etwas glaubt und damit Halt in seinem Leben gefunden hat. Der Regen steht für Fehler, die Menschen machen, Probleme, mit denen sie leben müssen. Diese sind immer da, man lernt mit ihnen zu leben (schwimmen). Aber es gibt keine rettende „Arche". Während der Glaube mit festen Werten und Normen hier einen Weg aufzeichnete, eine Rettung darstellte, Zuversicht bot, glaubt der lyrische Sprecher, dass dieser verloren gegangen ist, denn die Taube als dessen Symbol ertrank. Auch fehlen die Aspekte der Auserwähltheit und der Rettung von außen, der lyrische Sprecher ist auf sich allein gestellt, empfindet seine Situation als ausweglos und blickt pessimistisch in die Zukunft.

7. z. B. wechselnde Zeitformen; Verbindung der ersten und zweiten Strophe über Anapher „der Regen fällt..." (Verstärkung); ähnlicher Aufbau Strophe I und II; Antithetik in der Aufzählung der Beobachtungen („leise wellen", „sterbende bäume"); Symbole für Rettung und Hoffnung/ Glaube („arche", „grüner zweig", „taube"); Todesboten für Glaube und Werte („krähen", „schwarzbeflügelt"); Leben wird infrage gestellt („stirnrunzeln sterbender bäume"); kein Ausbrechen möglich („muster für meine tage"); Metapher („abgesplitterte träume", „treibholz") – Wertung der Situation als Verlust; Personifikation der Krähen – lyrischer Sprecher passiv; Bruch des Textflusses durch Vers 14 – Hervorhebung der Ursache; Gedichtform stützt Haltlosigkeit der Welt; fehlende Zeichensetzung und Kleinschreibung spiegeln Verlust alter Normen; Antithetik Taube – Krähen; Pronomen „dein" – deutliche Zuweisung zu Noah, lyrischer Sprecher steht außen

8. abhängig von Schülerbeiträgen

Das kannst du jetzt! – Klassenarbeitstraining

Seite 41

1. **Schwerpunkte:** Zugang zu Aussage und Gestaltung des Gedichts; ausgewählte Beispiele; Hinweis auf Ambivalenz gegeben; gestalterische Mittel, die diese erzeugen, bilden den Schwerpunkt; Erläuterung von Ambivalenz als typischer Bestandteil einer modernen Weltsicht; Aufgabe besteht aus zwei Schritten; **Ambivalenz:** Zwiespältigkeit, Widersprüchlichkeit; etwas besitzt zwei Seiten, von denen aus man es betrachten kann

2. abhängig von Schülerbeiträgen; z. B. **Eindruck:** widersprüchlich/in sich gespalten; ausdrucksstarke Bilder; auf den ersten Blick nicht greifbar; Inhalt schwingt mit; **W-Fragen:** Wer ist der lyrische Sprecher?; Welche Haltung nimmt er ein?; Was steckt hinter den abstrakten Begriffen?; Wie ist die lyrische Situation?; Warum ist der Satzbau so ungewöhnlich? usw.; **Inhalt**: Ein lyrischer Sprecher, der unbenannt bleibt, denkt, vielleicht ausgelöst durch einen Blick zum Horizont, über die Welt nach und kommt zu dem Ergebnis, dass diese nicht fassbar ist.; **Deutungshypothese:** Es ist möglich, Grenzen zu überschreiten und sich somit am Anfang von etwas Neuem zu sehen. Aber noch hat dieser Prozess nicht stattgefunden, es gibt noch eine Abgrenzung.

3. z. B. Der Horizont ist hier eine gedachte Trennlinie zwischen Realität und Vorstellung (Erde/Himmel; bekannt/ unbekannt); aber auch eine Metapher für ein Voranschreiten in die Zukunft, die Vorstellung von einer anderen, neuen Welt. Damit steht er in einer Synonymkette mit „Grenze" (V. 5) und „Schwelle" (V. 1) und ist vielleicht eine bildliche Vorstellung oder eine Art Oberbegriff.

4. Dem Autor bleibt die Welt ein Rätsel, er hinterfragt und sieht sie jeden Tag neu. Es gibt also nichts Verlässliches. Immer wieder muss man sich ein Verständnis erarbeiten, was aber am nächsten Tag schon wieder verworfen werden kann und muss, weil etwas Neues entdeckt, etwas anders bewertet wird. Diesen Prozess kann man auch nicht unterbrechen, indem man seine Gedanken festhält, denn auch diese sind nur im Moment gültig. Davon ausgehend bleiben auch die Gedichte des Autors rätselhaft, die Aussagen widersprüchlich. So unterbreiten sie dem Leser viele Angebote zur Auseinandersetzung. Im Gedicht zeigt sich das an der Antithetik, die die Ambivalenz erzeugt. Auch wird sich im Gedicht zu keiner der Aussagen bekannt. Alles lässt sich immer aus neuen Blickwinkeln betrachten. Ein Wertmaßstab fehlt.

5. abhängig von Schülerbeiträgen

Extra: Üben – Sprachtraining

Seite 42

1.

Textstelle	Rhetorische Figur	Funktion
„Mit Haut und Haar" (U. Hahn: Mit Haut und Haar, S. 34, V. 14)	*Alliteration*	*klangliche Eingängigkeit*
„Ich … Ich …" (U. Hahn: Mit Haut und Haar, S. 34, V. 1, 3)	Anapher	drückt aus, wie sehr sich das lyrische Ich um seinen Partner bemüht hat, indem viele Dinge aufgezählt werden, die es für ihn getan hat
„ich leckte dir die Hand und Haut und Haare" (U. Hahn: Mit Haut und Haar, S. 34, V. 3)	Klimax	Satzteil „Hand und Haut und Haare" unterstreicht die Vielfalt der Wohltaten und letztlich die Vollzähligkeit
„mein und dein zu sein" (U. Hahn: Mit Haut und Haar, S. 34, V. 4)	Assonanz	Da die drei Wörter den gleichen Klang besitzen, stechen sie hervor, wodurch die Innigkeit der Liebe unterstrichen wird.
„Du … Du …" (U. Hahn: Mit Haut und Haar, S. 34, V. 5)	Anapher	Beeinflussung des lyrischen Ichs wird durch die Wortwiederholung verstärkt
„Da ließ ich von mir ab. Und schnell begann ich vor mir selbst zurückzuweichen" (U. Hahn: Mit Haut und Haar, S. 34, V. 7f.)	Enjambement	Unterstützung der Eindringlichkeit der Aussage, dass die Beeinflussung erfolgreich ist
„Und schnell begann ich vor mir selbst zurückzuweichen und meinem Schwur" (U. Hahn: Mit Haut und Haar, S. 34, V. 7ff.)	Inversion	Die nachgestellte Wendung verdeutlicht, dass das lyrische Ich nur noch für seinen Partner lebt und sich selbst hinter ihm zurückstellt.

Seite 43

2.

Textstelle	Redensart	Erläuterung
„Mit Haut und Haar" (V. 14)	*mit Haut und Haaren*	*Ausdruck der Vollständigkeit völlig, ganz und gar*
„ich leckte dir die Hand und Haut und Haare" (V. 3)	*die Wunden lecken*	Das lyrische Ich kümmerte sich mit viel Fürsorge um die betreffende Person.
„branntest … Zeichen" (V. 5)	*ein Zeichen einbrennen*	Man nutzt das Zeichenbrennen vor allem bei Tieren, um sie als Besitz zu kennzeichnen. Es wird verdeutlicht, dass der Partner das lyrische Ich nicht nur beeinflusst, sondern regelrecht vereinnahmt, vollkommen in Besitz genommen hat.
„in das dünne Fell" (V. 6)	*Gegenteil: „ein dickes Fell haben"*	Ein dünnes Fell haben bedeutet, sensibel zu sein, sich über Kritik und Beleidigungen sehr zu ärgern; es ist leicht, ein dünnes Fell mit einem Brandzeichen zu versehen.

3. a) *Mit dieser Metapher wird verdeutlicht, dass der Partner das lyrische Ich beeinflusst und einen anderen Menschen aus ihm gemacht hat.*; b) Durch den abwertenden Ausdruck, den man mit Verachtung und Ekel in Verbindung bringt, drückt diese Metapher aus, dass sich das lyrische Ich grausam ausgenutzt fühlt.; c) Kuss und Händedruck sind Symbol für die Liebe, dass sie kalt und matt sind, bedeutet, dass diese nun erloschen ist.; d) Das „Veilchen im März" steht als Metapher steht für ein schönes (Blume), sehr junges (früh im März) Mädchen, das der Partner für sich entdeckt und geliebt hat.; e) „Kränzchen" ist Symbol für die Zuwendung; die Rose steht für den Anfang und das nahende Ende einer Liebesbeziehung. Das lyrische Ich, vielleicht im reifen Alter, muss Abschied nehmen von seiner blutjungen Geliebten, die ihrerseits noch neue Liebe und neues Glück vor sich hat.

Schriftlich erörtern

Eine textgebundene Erörterung verfassen

Eine textgebundene Erörterung vorbereiten – die Textanalyse

Seite 46

1. **Thema:** Anonymität von Meinungsäußerungen im Internet; **Fragestellung:** Ist Anonymität im Internet ein Schutz oder eine Gefahr?; **Kernaussage:** Weniger Abwehrreflexe gegenüber dem Internet; das fördert die rationale Erkenntnis: Anonymität ist in einer Demokratie notwendig.; **Anlass:** Forderung des Innenministers, im Internet mit offenem Visier, also mit Klarnamen, zu streiten; **Überleitung** (Z. 8 – 11): Appell für weniger Anonymität unterstellt:

das Netz ist undemokratisch, Menschen stehen mit ihrem Klarnamen für etwas ein.; **Argument 1** (Z. 11 - 26): demokratische Prozesse oft bewusst anonym; **Beleg/Beispiel 1:** Wahlen; **Beleg/Beispiel 2:** keine Ausweispflicht bei Demonstrationen; **Beleg/Beispiel 3:** Artikel oder Bücher können anonym veröffentlicht werden; **Überleitung** (Z. 26 - 29): Ankündigung der Folgen bei Anonymitätsverbot im Internet; **Argument 2** (Z. 30 - 43): ohne Anonymität besteht Angst, das zu sagen, was man wirklich denkt, gerade bei Schwachen und Zögerlichen; **Beispiel zur Veranschaulichung:** Kontrolle (Ausweis, Mikrofon) gegen Anonymität in Kneipen; **Überleitung** (Z. 44 f.): Anonymität zu rauben, ist eine Waffe;
Argument 3/Folgerung (Z. 44 - 50): Kontrolle der Anonymität nur sehr begrenzt nötig, anonyme Räume dürfen nicht weiter beschnitten werden; **Begründung:** denn anonyme Freiräume wichtig zur freien Entwicklung von Gedanken, unbeeinflusster Information, angstfreier Meinungsbildung; **Argument 4** (Z. 51 - 55): extreme Meinungsäußerungen sind Preis der Meinungsfreiheit; **Beispiel 1:** Verbrecher Anders Breivik; **Beispiel 2:** rechtsradikale Demonstrationen; **Resümee** (vgl. Z. 59 - 61): Forderung des Innenministers nach Klarnamen ist irrationale Abwehrreaktion statt einer Aufklärung und rationalen Diskussion über Mechanismen im Internet

Seite 47

2. z. B. **abwertende Distanzierungen:** „Innenminister Hans-Peter Friedrich hat behauptet, …" (Z. 3); „… ließ anschließend dementieren, …" (Z. 5); „… will seine Sätze lediglich … verstanden wissen." (Z. 6 f.); „Aber was für ein Appell soll das sein …" (Z. 8); **Ironie:** „… aufwändiger und gerne auch mal ergebnisloser Ermittlungen …" (Z. 19); „…eine solche Bedrohung - Verzeihung: Herausforderung (Z. 28); „Prima Vorschlag: …" (Z. 59); **Rhetorische Fragen:** „Aber was für ein Appell soll das sein, wenn nicht einer für weniger Anonymität?" (Z. 8); „Im Internet … soll das alles nicht möglich sein dürfen …, wie Friedrich sagt?" (Z. 26 f.); „… was würde Friedrichs Forderung bedeuten?" (Z. 29); **Klimax:** „um uns … ungestört zu informieren, um uns eine Meinung … bilden zu können und um sie ohne Angst zu sagen." (Z. 49 f.); **Antithese:** „… nicht immer leicht auszuhalten. Doch aushalten sollten wir sie." (Z. 39 f.); „Wir sollten weniger … Stattdessen sollten wir …" (Z. 59 ff.)

3./4. Jede der drei Aussagen zur sprachlichen Gestaltung enthält zutreffende Angaben, bleibt aber noch zu einseitig: Die vorwiegend sachliche, begründende Sprache vermittelt durch Distanzierungen und Ironie eine Abwertung der Ministeraussage und will, wie die rhetorischen Fragen und der Gebrauch des Pronomens „wir" im Schlusssatz signalisieren, auch den Leser in seine Richtung lenken, die bereits im Titel genannt ist: Anonymität ist ein Schutz, keine Gefahr.

Eine textgebundene Erörterung vorbereiten – Stoffsammlung und Schreibplan

Seite 48

1./2. abhängig von Schülerbeiträgen; Mögliche Argumente finden sich in den Schülertexten S. 50 und 52.

Seite 49

3./4. abhängig von Schülerbeiträgen

Eine textgebundene Erörterung schreiben

1. Die erste Einleitung kommt einer guten Einleitung relativ nahe, doch sie lässt sich wie auch die anderen beiden optimieren.

2. abhängig von Schülerbeiträgen

Seite 50

3. **(1)** „Biermann interpretiert …" ; **ungenau:** „in überheblich wirkender Weise"; zu positiv wirkende Wertung anonymer Kommentare; **(2)** „Biermann überspitzt …"; **ungenau:** zu vordergründige Wertung der Kneipengespräche; **(3)** „Nicht die Anonymität …"; **ungenau:** Gedankenzusammenhang „Macht" - „Vermummungsverbot"; **(4)** „Biermann versucht …"; **ungenau:** Erläuterung am Schluss zu knapp; fehlende Aspekte: Verknüpfungen, nicht ganz klare Argumentationsstruktur; sprachliche Analyse nur in Bruchstücken, Textbelege usw.

4. abhängig von Schülerbeiträgen

Seite 51

5. **obere Überleitung:** gut = Bezug zum Resümee des Textes, „Schadenfreude" weist darauf hin, dass Ironie wahrgenommen wurde; nicht so gut = „nicht verstanden" bleibt zu sehr Andeutung, „ob"-Satz zu formelhaft; **mittlere Überleitung:** gut = knappes Aufgreifen der Kernaussage; nicht so gut = ungenauer Bezug zur Gegenwart, formelhaft wirkt „sicherlich gute Gründe …"; **untere Einleitung:** gut = Bezug zur Gegenwart; nicht so gut = wirkt wie Neustart der Erörterung mit Einleitungsaspekten und der Themennennung

6. abhängig von Schülerbeiträgen

Seite 52

7. **Pro-Seite:** Abschnitte 1, 3, 5; **Kontra-Seite:** Abschnitte 2, 4, 6; Reihenfolge nach individueller Gewichtung; **mögliche Ergänzungen:** Abschnitt 1 - müsste weiter ausgeführt werden; Abschnitt 2 - Satz zu verschachtelt; Abschnitt 3 - schwaches Argument, weil es bei Überwachungskameras nicht primär um Meinungsfreiheit geht; Abschnitt 4 - wirkt noch wie die Einleitung zu einem Pro- oder Kontra-Argument; Abschnitt 5 - dass „Anonymität geradezu hinderlich" wäre, wirkt noch zu unklar; Abschnitt 6 - ist etwas unklar, er kann für die Pro- und Kontra-Seite verwendet werden

Seite 53

8. abhängig von Schülerarbeiten

9. **mögliche Reihenfolge:** (1) „Im Grunde …"; (2) „Da man auch …"; (3) „Denn die Forderung …" (4) „Wie gehen …"; (5) „Sie schalten …"; (6) „Angesichts …"; (7) „Andererseits ist es …"

10. abhängig von Schülerbeiträgen

Das kannst du jetzt! – Klassenarbeitstraining

Seite 55

1. **Schwerpunkte:** Zusammenfassung wesentlicher Inhalte, Autorinnenabsicht, Erörterung der Kernaussage, eigene Erfahrungen

2./3. abhängig von Schülerbeiträgen

Extra: Üben – Sprachtraining

Seite 56

1. a) Friedrich hat behauptet, in Deutschland werde in der demokratischen Auseinandersetzung stets „mit offenem Visier" gestritten. (vgl. Z. 3 f.) → *Erklärung A.* → *Friedrich hat behauptet, in Deutschland werde in der demokratischen Auseinandersetzung stets ehrlich, offen und anständig gestritten.*; b) Erklärung D → Der CSU-Politiker ließ dementieren, er verlange von den Internetnutzern, wichtige Personendaten preiszugeben.; c) Erklärung E → Friedrich wolle die Öffentlichkeit mahnen und auf negative Erscheinungen in Verbindung mit der Internetnutzung aufmerksam machen.; d) Erklärung F → Es geht darum, dem Staat zu mehr Macht über das Volk zu verhelfen.; e) Erklärung B → Bestimmte negative Dinge und Risiken müssen wir hinnehmen, wenn wir Meinungsfreiheit haben wollen.; f) Erklärung C → Diese unkontrollierbaren Abwehrreaktionen müssen wir durch Prävention und Aufklärung in einen rationalen Diskussionsprozess überführen.

Seite 57

2. a) Gedankenfigur: rhetorische Frage, die die Antwort bereits enthält; b) Wortfigur: ironisch gemeinte Untertreibung, die das Gegenteil meint; c) Ironie, die eine versehentliche Wortverwechslung vortäuscht, aber in Wirklichkeit eine sehr bewusste Wortwahl beinhaltet; d) Satzfigur: Antithese (kontrastierende Gegenüberstellung gegensätzlicher Begriffe, die der Verstärkung dient); e) Ironie: das Gegenteil ist gemeint

3. a) *Ist nicht die Wahl selbst anonym – damit wir bei ihr unbeeinflusst und frei sind?*; b) Würden nicht viele Meinungen verschwinden, die heute noch offen … geäußert werden?; c) Können wir nicht dank des Schutzes der Anonymität sehen, was Menschen wirklich denken?; d) Denn brauchen wir nicht diese Räume, um unsere Gedanken zu entwickeln und zu sortieren?; e) Denn dürfen und sollen nicht auch jene demonstrieren, deren Meinung vielen fremd und nicht jedem angenehm ist?

Ein Thema antithetisch erörtern

Seite 58

1. abhängig von Schülerbeiträgen; wichtig: „These" ist die eigene Position, „Gegenthese" die abgelehnte

Seite 59

2. **Behauptung:** „Nichts spricht …"; „Und der Verkehr …" (Mit besserer Verknüpfung kann hier die Behauptung zum Argument werden.); **Argument:** „Die meisten Jugendlichen …"; **Beispiel/Beleg:** „Bei uns dürfen …"; „In manchen …"

Eine antithetische Erörterung vorbereiten

1. abhängig von Schülerbeiträgen

Seite 60

2. abhängig von Schülerbeiträgen

3./4. **zentrale Argumente:** fehlende Reife, geringe Lebenserfahrung, begrenzter Horizont, geringes Interesse, Informationsdefizite; **Rangfolge der Argumente, Streichungen:** abhängig von Schülerbeiträgen

5. abhängig von Schülerbeiträgen

Eine antithetische Erörterung schreiben

Seite 61

1./2. am gelungensten ist Einleitung A: Verweis auf Aktualität holt den Leser ab; führt zur Strittigkeit der Fragestellung; **mögliche Verbesserungen:** Einleitung A – zu einseitig Interessen der Politiker angeführt; Einleitung B – Begriffsklärung sinnvoll, aber zu knapp; zu einseitig als Hinführung zur Erörterungsfrage; Einleitung C – bereits zu viele Argumente ins Spiel gebracht

3. abhängig von Schülerbeiträgen

Seite 62

4. **P:** „Für eine …"; „Natürlich sprechen …"; **S:** „Gegen eine …"; „Für ein generelles …"

5./6./7./8.
abhängig von Schülerbeiträgen

Das kannst du jetzt! – Klassenarbeitstraining

Seite 63

1. **wichtige Aspekte:** es geht um ein generelles Handyverbot; hierzu eigene Position als These festlegen; eigene Erfahrungen einfließen lassen

2./3./4.
abhängig von Schülerbeiträgen

Extra: Üben – Sprachtraining

Seite 64

1. abhängig von Schülerbeiträgen; z. B. *Die Befürworter der Absenkung des Wahlalters sind grundsätzlich davon überzeugt, dass 16-Jährige schon die nötige persönliche Reife, das politische Wissen und Interesse haben, um eine Wahlentscheidung treffen zu können. Ich stimme dieser Meinung zu, denn* es gibt keine Belege dafür, dass 18-Jährige eine größere politische Reife besäßen. Außerdem kann zugunsten des niedrigeren Wahlalters angeführt werden, dass Jugendliche dadurch ein echtes Mitbestimmungsrecht erhalten und so ihre Zukunft selbst mitgestalten können. Ohne die Absenkung des Wahlalters müssen Jugendliche in ihrem Erwachsenenleben die Konsequenzen von Entscheidungen tragen, an denen sie nicht teilhaben konnten. Ein weiteres Argument für das Wählen ab 16 ergibt sich aus der demografischen Entwicklung in Deutschland. Dadurch, dass unsere Gesellschaft im Durchschnitt immer älter wird, verlagern sich Entscheidungen über die Zukunft unserer Gesellschaft verstärkt auf ältere Menschen. Insofern kann die Absenkung des Wahlalters als eine Gegenmaßnahme zu dieser Entwicklung gewertet werden. Für ein niedrigeres Wahlalter spricht auch die Tatsache, dass Jugendliche, z. B. als Auszubildende, Steuern zahlen müssen und deshalb auch mitentscheiden sollten, was mit dem Geld passiert. Schließlich könnte die Absenkung des Wahlalters auch ein Weg sein, die Politikverdrossenheit Jugendlicher aufzuhalten.

2. Die Gegner der Absenkung des Wahlalters sind davon überzeugt, dass … Entschieden gegen eine Absenkung des Wahlrechtes spricht die Tatsache, dass … somit … ebenfalls als schwerwiegendes Argument gegen ein früheres Wahlalter … Besonders problematisch sei dabei, dass … Zu beachten ist aber vor allem auch, dass … Ein spezieller, aber sehr gewichtiger Kritikpunkt bezieht sich auf … Dadurch …

Seite 65

3. abhängig von Schülerbeiträgen; z. B. Auf der einen Seite machen Jugendliche mit 17 das Abitur, entscheiden sich nach der 10. Klasse für eine Lehre, gehören womöglich schon vor der gesetzlichen Volljährigkeit zur arbeitenden Bevölkerung, zahlen Steuern, auf der anderen Seite verwehrt man ihnen das Recht, durch Wahlen Einfluss auf politische Entscheidungen zu nehmen. Befürworter der jetzigen Regelung führen an, dass es jungen Wählern an demokratischem Basiswissen und politischem Interesse mangele. Die Folgen wären demnach das Sinken der Wahlbeteiligung oder gar die Stärkung extremistischer Parteien. Jugendliche seien in ihrer Meinung noch nicht gefestigt und darum leichter manipulierbar. Diese Vorwürfe lassen sich allerdings leicht entkräften, denn es gibt keine Belege, dass 16-Jährige über politische Prozesse schlechter informiert sind als 18-Jährige. Außerdem könnten die Jugendlichen durch gezielte Informationsprogramme an Schulen auf die Wahlen vorbereitet werden. Dadurch würde das politische Interesse, das schon durch das Wahlrecht selbst gestärkt würde, weiter ausgebaut. Als Gegenargument wird angeführt, dass die 16- bis 18-Jährigen mit weniger als drei Prozent der wahlberechtigten Bevölkerung sowieso keinen ausschlaggebenden Einfluss auf das Wahlergebnis hätten. Das stimmt zwar, aber es handelt sich bei diesem Argument um einen rein formalen Aspekt. Die Disskussion ist jedoch politisch zu führen. Eine Auswirkung der Senkung des Wahlalters auf Bundesebene wäre es z. B., dass momentan oft unbeachtete Themen wie Jugendarbeitslosigkeit oder Kinderarmut in den öffentlichen Fokus gerückt würden. Allerdings ist das nicht unumstritten. Man kann es drehen, wie man will: Demokratie bedeutet Mitbestimmung. Und diese sollte Jugendlichen auch auf Bundesebene schon ab 16 Jahren gewährt werden. Übrigens: Schon die UN-Kinderrechtskonvention sichert Kindern und Jugendlichen ein politisches Mitbestimmungsrecht zu. Deutschland hat diese Konvention 1992 unterzeichnet und sollte sich nun auch daran halten.

Materialgestütztes Schreiben

Materialgestütztes Schreiben eines informierenden Textes

Einen informierenden Text vorbereiten und planen

Seite 66

1. **Thema:** oft als unangenehm empfundene Folgen der Pubertät aufgrund von eintretenden körperlichen Veränderungen (Hirn, Herz, Hormone)

2. **Thema:** Erwachsenwerden; **inhaltliche Schwerpunkte:** Veränderungen des Körpers und des Verhaltens Jugendlicher in der Pubertät, Ursachen und Auswirkungen auf ihr soziales Leben, z. B. Schule, Bezugspersonen, Liebe, Eltern, Risikobereitschaft …; **Zielgruppe:** Leser der regionalen Tageszeitung, vor allem jugendliche Leser, evtl. auch Eltern; **Vorwissen:** hauptsächlich lebenspraktische Erfahrungen, aber sicher wenige Kenntnisse aus der Psychologie, Neurologie, …; **Merkmale der Textsorte:** sachlich, ohne Wertung; faktual (Fakten nennen, Sachverhalte beschreiben und Zusammenhänge erklären, Fachbegriffe verwenden); folgerichtiger Aufbau; sachlich richtig; interessant und verständlich; Präsens

Seite 67

3. „Jugendliche in der Pubertät“ oder „Adoleszenz – ein Ausnahmezustand“; Diese Überschriften weisen auf die Inhalte des Themas hin, sind sachlich formuliert (Fachbegriffe), erregen Aufmerksamkeit und sind schnell erfassbar. Die Fachbegriffe Pubertät und Adoleszenz setzen allerdings jeweils einen eigenen Schwerpunkt: Pubertät = biologische Entwicklung; Adoleszenz = psychosoziale Pubertät.

4. abhängig von Schülerbeiträgen

Seite 70

5. abhängig von Schülerbeiträgen

6. abhängig von Schülerarbeiten; Alle wesentlichen Textinformationen sollten durch eigene Gedanken erweitert werden.

Einen informierenden Text schreiben und überarbeiten

Seite 71

1. abhängig von Schülerbeiträgen; z. B. Wortwahl stark umgangssprachlich; die Situationsschilderung am Anfang orientiert sich am inhaltlichen Schwerpunkt, ist aber nicht eindeutig und klar genug in der Gedankenführung; am Ende wird das Thema benannt. Der geforderte Text soll informieren, nicht argumentieren.

2. abhängig von Schülerbeiträgen

3. abhängig von Schülerbeiträgen; Folgen laut Zeitungsartikel: Nordwest-Mecklenburg – **2013:** 5230 Unfälle; laut André Falke, Pressesprecher der Polizeiinspektion Wismar, überproportional viele 18- bis 29-Jährige, davon bei 18- bis 25-Jährigen 712 Unfälle mit 170 Verletzten, davon 23 schwer, ein Toter; laut Statistik bis zu den 29-Jährigen sind die Zahlen noch höher; **2012:** 5261 Unfälle mit 711 Verletzten und zehn Toten, 18- bis 25-Jährige verursachten davon 789 Unfälle mit 146 Verletzten, davon 26 schwer, ein Toter

Seite 72

4./5. abhängig von Schülerbeiträgen

Das kannst du jetzt! – Klassenarbeitstraining

Seite 75

1. **Merkmale der Textsorte:** informierender Text, sachlicher Stil, Fachbegriffe, Präsens, Fakten nennen, Sachverhalte beschreiben und Zusammenhänge erklären, folgerichtiger Aufbau; **Adressat:** Mitschüler, kaum wissenschaftliches Vorwissen; **Teilthemen:** z. B. Entwicklung eines Ich-Bewusstseins; Andere verstehen – Empathie; Einfluss der Hormone auf unser Fühlen; Bedeutung des Unterbewusstseins

2./3. abhängig von Schülerbeiträgen

Extra: Üben – Sprachtraining

Seite 76

1. a) pubertierender, Jugendlicher, gelegentlich, auffallend, Heranwachsenden, letztendlich, wesentlichen, provozierend, eigentlich, hervorragend, funktionierende, öffentlichen, wissentlich, unwissentlich; b) kränkende, unterstützende, versehentliche, aufregendste, widersprechende, ordentliche, namentliche, folgende, morgendliche, entsprechende, überzeugendste, beeindruckende

2. in richtiger Schreibung: eines Heranwachsenden, eines Erwachsenen, im Allgemeinen, ihres Tuns, um Folgendes, das Dargestellte, harmlosen Salatessen, ankurbelnden Schwimmen, das Verblüffende und Unerwartete, Ersteres (das Erstere), Letzteres (das Letztere), den Jugendlichen, den Erwachsenen, das Vorhandensein, (die) Automatismen, das Beeindruckende, im Vorgehen, rationales Abwägen, ernsthaftes Nachdenken

Seite 77

3. vor sich geht, kopfsteht, jahrhundertelang, herausfinden, erste Mal, modernst ausgestatteten, feststellen, schieflief, hyperaktiv, teilnehmenden, reihenweise, leistungsstarken, durchleuchtete, aussagekräftige, dreidimensionale, zusammenstellen, aufsehenerregenden, weiterentwickeln, richtigstellen, zusammenfassen, regelrecht, elfeinhalb, neu gesprossenen, überlebenden, fettreichen, sicherstellen, hinziehen

4. in richtiger Reihenfolge: dass, das, Das, das, dass, dass, Das, Das, dass das

Materialgestütztes Schreiben eines argumentierenden Textes

Einen argumentierenden Text vorbereiten und planen

Seite 78

1. abhängig von Schülerbeiträgen

Seite 79

2. abhängig von Schülerbeiträgen; z. B. Intensität – weniger emotional auf offenen Plattformen, detaillierterer Austausch über Alltagserlebnisse: Erleben und Mitteilen erfolgen quasi-synchron; Häufigkeit – mehrfach am Tag Austausch, auch mit weiter entfernten Bekannten möglich; Kommunikationswege – Chatrooms, E-Mail, Youtube, Twitter, Facebook …; Personenkreis – Freunde, Bekannte, Interessengruppen, neue Kontakte im Netz (auch außerhalb der näheren Umgebung); weitere mögliche Begriffe: Gefahren – Scheinidentitäten, Realitätsverlust, …; Definition Freundschaft – Kennen, Vertrauen, Miteinander

3. abhängig von Schülerbeiträgen

4. **Thema:** Wird man unsozial, wenn man viel Zeit in sozialen Netzwerken verbringt, weil man dadurch weniger Zeit für die Menschen um einen herum hat? – Auswirkungen der Nutzung sozialer Netzwerke auf die sozialen Beziehungen; **geforderte Textsorte:** argumentierende Rede; **Besonderheiten der Textsorte:** mündlicher Beitrag, starke Zuhörerorientierung im Aufbau beachten; **Art der Veröffentlichung:** Beitrag bei „Jugend debattiert“; **mögliche Adressaten:** Schülerinnen und Schüler, Jugendliche, Gleichaltrige; **vermutetes Vorwissen, Einstellung zum Thema und Erwartungen der Adressaten:** soziale Netzwerke normaler Bestandteil des Alltagslebens, Kritik eher von älteren Generationen, aber: jeder kennt das Problem mangelnder Aufmerksamkeit durch Personen um einen herum, die mit dem Smartphone beschäftigt sind; **Zielsetzung der Textsorte:** Pro- und Kontra-Argumente aufzeigen, vor allem Zuhörer von der eigenen Position überzeugen; **erforderlicher Sprachstil, Anrede:** wenig Fachsprache, aber auch nicht umgangssprachlich, da es einen offiziellen Anlass gibt, Du-Anrede

Seite 80/81

5. abhängig von Schülerbeiträgen; **mögliche These:** Soziale Netzwerke führen zur Vernachlässigung des realen Freundes- und Bekanntenkreises und zu einer niedrigeren Aufmerksamkeit gegenüber dem, was direkt um einen herum passiert – sie machen unsozial.; **mögliche Gegenthese:** Soziale Netzwerke erweitern den Personen- und Bekanntenkreis und führen zu einer intensiveren und quantitativ erhöhten Kommunikation – sie fördern also das soziale Leben.

6./7. abhängig von Schülerbeiträgen; z. B. **pro:** M1, M3; **kontra:** M2, M4

Seite 83

8./9./10.
abhängig von Schülerbeiträgen

11. Hier sollten die Arbeitsergebnisse eingebracht werden: These/Gegenthese, ausgearbeitete Argumente

Einen argumentierenden Text materialgestützt schreiben und überarbeiten

Seite 84

1. insgesamt gehobenere Wortwahl; Z. 1–9 Aufzeigen von Behauptungen der Kritiker, dabei Nutzung von indirekten und direkten Zitaten und Autoritätsargumenten, Autor zeigt dadurch Sachkenntnis; sprachliche Abgrenzung von der Position der Kritiker durch Wortwahl „behaupten“ (Z. 4), „Pessimisten“ (Z. 5), Konjunktiv („zerstöre“, Z. 4), Gültigkeitsanspruch der eigenen Meinung („Doch in Wirklichkeit …“, Z. 9); Nennung der eigenen These („Bereicherung“, Z. 13), durch rhetorische Frage am Schluss bekräftigt (Z. 15 f.) und damit die Gegenthese (Meinung der Kritiker) infrage gestellt; Wortwahl „große Nation von Freunden“ (Z. 11) untermauert positive Sicht auf soziale Netzwerke wie Facebook

2. **Rede vor Gleichaltrigen:** direkte Anrede (Du), Beispiele aus der alltäglichen Nutzung von sozialen Netzwerken und eigene Erfahrungen nennen, die möglicherweise viele Gleichaltrige teilen, ggf. auch Abgrenzung von anderen Gruppen, älteren Nutzern; **Begründung:** Erzeugung eines „Wir“-/Gemeinschaftsgefühls, Schaffung von Identifikationsmöglichkeiten, Kompetenz des Redners wird durch eigene Erfahrungen und auch Zitate verdeutlicht

Seite 85

3. abhängig von Schülerbeiträgen

4.

Unterstützung	– unterstützt wird diese Aussage durch – so wie … hat auch – zu dieser Erkenntnis gelangt auch
Bekräftigung	– *gerade weil* – in besonderem Maße – das überzeugendste Argument
Abgrenzung	– im Gegensatz zu – dagegen spricht
Aufzählung	– des Weiteren – zudem – ein weiteres wichtiges Argument – erstens, zweitens, …
Abwägung	– einerseits … andererseits – zwar … aber – es ist durchaus richtig, dass … jedoch sollte bedacht werden, dass

Seite 86

5./6. abhängig von Schülerbeiträgen

Das kannst du jetzt! – Klassenarbeitstraining

Seite 89

1. a) z. B. Jugendliche sollten erst ab 14 Jahren digital kommunizieren, um ihre Rechtschreib- und Sprachkompetenz zu sichern.; b) **inhaltlich:** meinungsbetont, argumentierend schreiben (These-Gegenthese, Pro- und Kontra-Argumente), wertend zum Thema äußern, Zusammenhänge und Hintergründe verdeutlichen, an bestimmten Adressatenkreis richten, diesen zur Meinungsbildung anregen; **sprachlich:** einfache Sätze und prägnante Formulierungen, rhetorische Fragen, Appelle, Modalwörter, wertende Adjektive und Adverbien

2. abhängig von Schülerbeiträgen; z. B. häufige Abweichungen von standardsprachlichen Regeln im Bereich der Groß- und Kleinschreibung, Interpunktion, Weglassen von Buchstaben (grammatischen Endungen), elliptische Sätze, vereinfachter Satzbau usw.

3. z. B. **These:** Die Rechtschreibung und Schreibkompetenz von Schülerinnen und Schülern verschlechtern sich stark durch häufige digitale Kommunikation, bei der viele standardsprachliche Regeln nicht gelten. Der schulische Erfolg ist gefährdet.; **Gegenthese:** Jugendliche schreiben in ihrer Freizeit im digitalen Bereich gerne und häufig, dabei sind sie kreativ, nutzen und schulen indirekt ihre Schreib- und Sprachkompetenz. Dies kann ihnen auch im schulischen Bereich eine Hilfe sein. *(oder umgekehrt)*

4. z. B.
„Digitale Kommunikation schadet dem Erwerb einer guten Sprach- und Rechtschreibkompetenz“;
pro: M1 – lt. Zehetmair (Vorsitzender des Rechtschreibrats): Twitter und SMS gefährden das „deutsche Sprach-

gut", Sprachverfall betreffe v. a. junge Generation, Nutzung eines simplen Vokabulars und fehlerhafter Rechtschreibung in der digitalen Kommunikation; Bayr. Kultusminister: wenig soziales Miteinander, da jeder am Handy sei, kaum Gefühle in digitaler Kommunikation, auch zu viele Anglizismen; Zehetmair: Nutzung digitaler Kommunikation erst ab 14 Jahren, da sonst die Rechtschreibkompetenz gefährdet sei; Forderung Zehetmairs: Eltern sollen Vorbilder sein, mehr lesen, Gedicht lernen usw.; **kontra:** M2 – Steigerung der digitalen Kommunikation um 30 % von 2012 zu 2013, hoher Mitteilungsgrad (z. B. 41 Mio Mitteilungen über WhatsApp stündlich); „Schreiben neu entdeckt", Z. 6; Kennzeichen: „Kleinschreibung, fehlende Artikel, verkürzte Syntax", dafür Emoticons; keine der zahlreichen Studien zur digitalen Kommunikation beweise Sprachverfall, man könne nicht belegen, dass der digitalen Kommunikation etwas fehle, Emoticons führten ein „ästhetisches Eigenleben"; Nutzer hätten Freude am Experimentieren, Kreativität; Schreib-/Ausdrucksform kennzeichne Gruppenzugehörigkeit, jede soziale Gruppe habe unterschiedliche Konventionen, viele kurzlebige Trends; auch langlebige Formen, z. B. Kleinschreibung in Mails; Schlussfolgerung: „Die Schriftsprache differenziert sich zunehmend aus" (Linguistikprofessorin Henn-Memmesheimer), Nutzer zeigen höhere Schreibkompetenz, da sie zwischen Stilen und Schreibformen je nach sozialer Gruppe und Situation unterscheiden können; **M3** (kann unterschiedlich interpretiert und daher sowohl zur Stützung der Kontra- als auch der Pro-Position hinzugezogen werden) – **pro:** Grafik und statistische Darstellung verdeutlichen die Vereinfachung und Verarmung der deutschen Sprache, der Wortschatz wird nicht ausgeschöpft, es wird zunehmend mit Symbolen und Abkürzungen gearbeitet; **kontra:** Grafik und statistische Darstellung zeigen einerseits Beispiele, andererseits Häufigkeit der Nutzung und somit auch indirekt die Kreativität bei der digitalen Kommunikation sowie den eigenen Stil, der sich in der digitalen Welt etabliert hat (Experimentierfreudigkeit, Verständigung mit ausgewähltem Personenkreis)

5. abhängig von Schülerbeiträgen

Extra: Üben – Sprachtraining

Seite 90

1. eines, des Direktors, neigt, dem ausufernden, ihn, zählen

2. Die vorwiegend soziale Nutzung der Internets gehe zunächst einher mit mehr Vertrauen und Kommunikation, sagt der Psychologe Beutel. Dennoch: Bei süchtigen Jugendlichen träten auch negative Wirkungen auf. Reale Kontakte würden vernachlässigt.
Der Mediziner Veit Rößner, Klinikdirektor in Dresden, benennt Vorteile. Unsere Arbeitswelt verändere sich immer mehr zum schnellen Multitasking und zur Computernutzung, sagt er, Feinmotorik der Hand, Aufmerksamkeitsleistung oder räumliche Wahrnehmung – Computerspieler seien da häufig gut trainiert. Auf der anderen Seite vermöge man das Soziale nur näherungsweise erlernen. Man könne schließlich auch nicht online küssen.

3. a) (Wofür …?) – Die Autoren liefern den Beweis für den Boom der sozialen Netze.; b) (Worüber …?) – Es werden Meinungen über die Internetabhängigkeit ausgetauscht.; c) (Worin…?) – Der Forscher sieht eine echte Gefahr in der unbegrenzten Nutzung des Internets.; d) (Womit …?) – Laut Studie sind Hunderte Freunde auf Facebook nicht mit echter Freundschaft zu vergleichen.

Seite 91

4. a) *Die Psychotherapeutin behauptet, dass Vereinsamung und Entfremdung durch ausufernden Internetgebrauch gefördert werden, weil echte Beziehungen durch soziale Netzwerke Schaden nehmen.*; b) Die Expertin unterstreicht, dass Nähe und Verbindlichkeit bei ausschließlichen Netzkontakten verlorengehen, da Online-Konversationen lediglich Formen der passiven Kommunikation sind.; c) Der Sozialwissenschaftler befürchtet, dass psychische Krankheiten zunehmen, wenn die Menschen die meiste Zeit des Tages allein in dunklen Räumen vor dem Computer sitzen.

5. a) *Dem Ergebnis* der Befragung zufolge …; b) … gemäß den Erwartungen; c) Laut den renommierten Forschern …; d) Entsprechend den Aussagen …; e) Trotz der Warnungen …

6. *größtmögliche*, optimale, keiner, einzige